CLS
Mercedes-Benz

DAS? DAS? ALLES.
Thomas Cook
Ganz sicher mein Urlaub.
Sie lieben die Freiheit, sich Ihren Urlaub selbs
zusammenzustellen? Aber wünschen sich
auch die Sicherheit einer Pauschalreise?
Mit den individuellen Pauschalreisen
von Thomas Cook geht endlich beides.
Und das Beste: Es gibt sie ab sofort
in Ihrem Reisebüro.
Beratung und Buchung in Ihrem Reisebüro, unter 01803/400 190* oder auf www.thomascook-reisen.de
*0,09 €/Min. aus dem deutschen Festnetz, Mobilfunk max. 0,42 €/Min.

»Ein Fremder
ist ein Freund, dem man bisher
noch nicht begegnet ist.«

Irisches Sprichwort

Liebe Leser,

wer sich unter die Iren begibt, vergisst die Zeit. Redselig, humorvoll und phantasiereich nehmen sie den Besucher gern in Beschlag. Der ideale Tatort ist der Pub, wo Stout und Whiskey rasch die Zunge lockern, und um den Preis einer Runde – jeder ist mal dran – hat man am Ende eines schnell vergangenen Abends einen Crashkurs in entspannter irischer Lebensart absolviert.

Man tut gut daran, sich dieser irischen Gelassenheit hinzugeben und auf dem Weg durch das Land die Zeit einfach mal zu vergessen. Die Insel, so groß wie Österreich, lässt sich auf einer einzigen Reise ohnehin nicht komplett entdecken. So vielfältig wie die Regionen der Republik Irland und des britischen Nordirlands sind die Möglichkeiten der Urlaubsgestaltung. Im jungen, alten Dublin Kultur und Vergnügen oder auf kleinen Inseln die Einsamkeit genießen. An der rauen Westküste auf majestätischen Klippen spazieren oder zum Hochseefischen hinausfahren. Auf einem Hausboot die Wasserwege von Shannon und Erne erkunden oder durch die lieblichen Wicklow Mountains wandern. Prachtvolle irische Landschaftsgärten und uralte Klöster bewundern. Vor allem aber sollten Sie die richtigen Domizile wählen: ein kleines Bed & Breakfast mit herzlichen Gastgebern, ein herrschaftliches Landhaus mit allem Komfort oder ein weiß getünchtes Cottage mit Torffeuer.

Fotograf Philip Koschel unter dem Dach der Buchenallee bei Ballymoney in Nordirland

Nicht zuletzt möchten wir Ihnen Nordirland besonders ans Herz legen: das vitale, aufstrebende Belfast, die Antrim-Küste mit spektakulären Stränden, die idyllischen Hochebenen der Sperrin Mountains. Das ist das noch versteckte, kaum entdeckte Irland. Lernen Sie es unbedingt kennen – und sagen Sie es weiter!

Herzlich Ihr

Andreas Hallaschka
MERIAN-Chefredakteur

96

84

AUF ALTEM KLOSTERGRUND
Die Mönchssiedlung Clonmacnoise wurde von den Normannen zerstört. Aber sie bauten sich hier eine Burg (Bildmitte) 14

ZWISCHEN MITTAG UND ABEND
Ins Lokal zieht es die Dubliner zu jeder Tageszeit. Ein Café-Klassiker ist das »Bewley's Oriental«

ZWISCHEN HECKEN UND RABATTEN
Das wechselnde Farbenspiel der zauberhaften Gärten ist von April bis Oktober zu bewundern

MERIAN kompass

SKIZZEN AUS IRLAND

1959 1976 1990 2000 2011

Insel im Wandel
1959: noch recht archaisch. 1976: leider auch das Thema Bürgerkrieg. 1990: Mythen, Mönche und große Literatur. 2000: echt irisch, doch in Europa angekommen. 2011: noch immer ein Land für Entdecker

ST PATRICK'S DAY

Der Heilige und seine Narren

Viel Guinness, wenig Weihwasser. Am 17. März, dem Tag des Nationalheiligen Patrick, wird's bunt unter dem grauen irischen Himmel. Dann ziehen die Menschen kostümiert, singend und tanzend durch die Straßen. Auch von Iren zwischen New York und Sydney wird der »St Paddy's Day« gefeiert. Der eintägige Karneval hat die Festgottesdienste etwas verdrängt. In sich gehen kann man auch noch am nächsten Tag – zur Ernüchterung.

STILL GOING STRONG
Kaffee, Whiskey, Zucker, Sahne – das war das spontane Phantasie-Produkt des Restaurantchefs am Flughafen in Foynes für verfrorene Transitpassagiere nach Amerika, die in einer Winternacht 1942 lange warten mussten. Der wärmende, belebende Mix wurde als Irish Coffee weltberühmt

Das »keltische Pferd« gehört zu den größten Pony-Rassen

CONNEMARA PONY

Anmut aus den Bergen

Der kräftige Zosse aus dem rauen Connemara erfuhr der Legende nach eine Auffrischung, als sich im 16. Jh. Pferde von den sinkenden Schiffen der spanischen Armada schwimmend an Land gerettet haben sollen. Später wurden andere Rassen eingekreuzt. Wir bewundern heute ein wendiges, trittsicheres und springfreudiges Pony, das zur Dressur und zum Springen gleichermaßen taugt. Längst fand es seinen Weg auch zu Liebhabern in Deutschland.

„überwältigt stand ich vor diesem Wunderwerk..."

ägypten
wo alles beginnt
Gizeh
www.egypt.travel

SKIZZEN AUS IRLAND

ROTE HAARE? *Da denkt alle Welt zuerst an die Iren. Falsch! Während in Irland etwa jeder 25. Einwohner einen roten Schopf trägt (240 000), ist es in Schottland knapp jeder achte und in Wales immerhin jeder zehnte. Im Übrigen entspricht die Verbreitung der Rothaarigen in Europa den Wanderungsbewegungen der Kelten.*

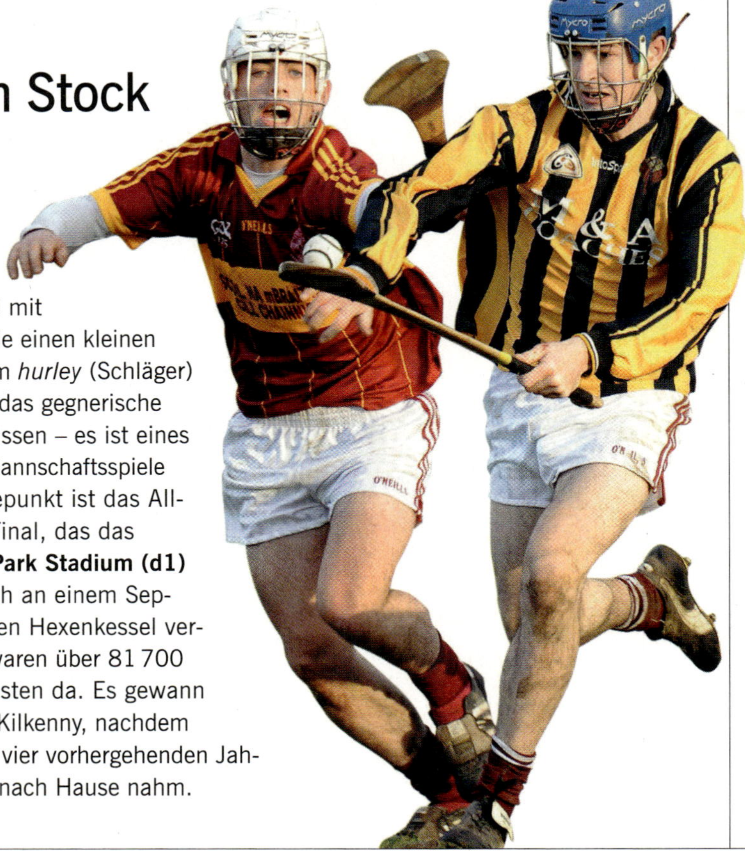

HURLING

Mit dem Stock ins Tor

Den Iren wichtiger als Fußball: Hurling, das gälische Ballspiel mit je 15 Spielern, die einen kleinen Lederball mit dem *hurley* (Schläger) in das oder über das gegnerische Tor befördern müssen – es ist eines der schnellsten Mannschaftsspiele überhaupt. Höhepunkt ist das All-Ireland Hurling Final, das das Dubliner **Croke Park Stadium (d1)** seit 1914 jährlich an einem Septembertag in einen Hexenkessel verwandelt. 2010 waren über 81 700 Hurling-Enthusiasten da. Es gewann Tipperary gegen Kilkenny, nachdem Kilkenny in allen vier vorhergehenden Jahren den Cup mit nach Hause nahm.

JAMES JOYCE

Blooms Tag

Als Dandy ist James Joyce (1882-1941) gewiss nicht oft durch die Earl Street North **(d/e 2)** in Dublin flaniert. Die meiste Zeit lebte er im Ausland. Untrennbar mit Dublin verbunden bleibt sein Hauptwerk **Ulysses,** das an realen Orten Dublins spielt und einem einzigen Tag im Leben seines Protagonisten Leopold Bloom gewidmet ist, dem 16. Juni 1904, der unter Joyce-Fans »Bloomsday« genannt wird. Jedes Jahr folgen sie mit dem Roman in der Hand den Spuren Leopolds.

ZAHLENSPIELE

Einfache Steuererklärung

Die Neuverschuldung Irlands liegt bei **32 %** des Bruttoinlandsprodukts. Um eine finanzielle Kernschmelze zu vermeiden, will die Regierung in rund vier Jahren **15 Mrd. Euro** einsparen. **5 Mrd.** davon sollen durch Steuererhöhungen reinkommen. Ab 2014 sollen die Iren ihr Trinkwasser bezahlen und eine Absenkung des Mindestlohns auf **7,65 Euro** akzeptieren. Weitere Einkünfte erhofft sich der Finanzminister durch eine vereinfachte Steuererklärung.

»Have you been to the cliffs of Moher …« Begleitet von Gitarre und Mundorgel, besingt Benny The Busker die dramatischste Steilküste Irlands. Bis zu 214 Meter ragen die Moher-Klippen im Westen der Insel aus dem Atlantik. Musiker, die wie Benny hier für die jährlich fast eine Million Besucher spielen wollen, müssen eine Lizenz erwerben. Die Bedingung: musikalisches Talent und ein großes Repertoire, um Wiederholungen zu vermeiden. Dennoch hört man ein Lied hier oft genug: *»Have you been …«*

Colm Tóibín, irischer Schriftsteller, * 1955

»Zwar ist Irland klein, aber

kein Ire glaubt das wirklich.«

FOTOS **PHILIP KOSCHEL**

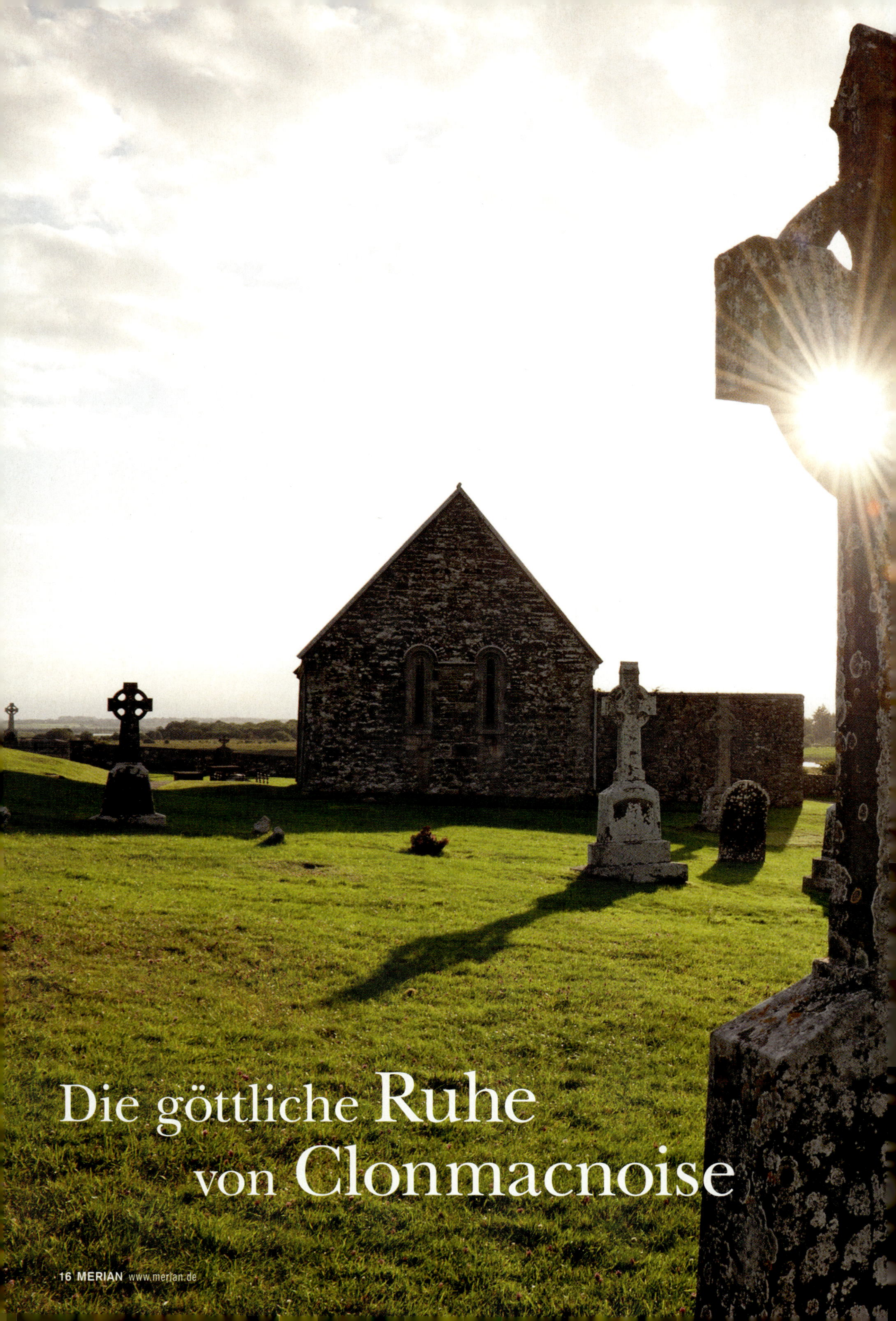

Die göttliche Ruhe von Clonmacnoise

Verlassen liegt die Klostersiedlung an einer Biegung des Shannon. Im Mittelalter pilgerten Mönche aus allen Teilen Europas hierher, das 548 gegründete Clonmacnoise galt als Zentrum der theologischen Gelehrsamkeit. Seit dem 12. Jahrhundert verfiel das Kloster, englische Soldaten plünderten vor 460 Jahren, was übrig war. Nur Kirchenruinen, Hochkreuze, Rundtürme und Grabsteine sind geblieben

Im zinnenbesetzten, viеltürmigen Schloss rüstet man sich zum festlichen Dinner. Ashford Castle wurde größtenteils im 18. und 19. Jahrhundert gebaut, geht aber auf die 500 Jahre ältere Burg eines anglonormannischen Clans zurück. Der verwinkelte Bau beherbergt heute ein Luxushotel. Serviert wird hier gelegentlich auch Lachs aus dem Lough Corrib, dem zweitgrößten See Irlands. Sein Ausläufer bildet den breiten Burggraben. Unter der Brücke hofft ein Angler auf Beute

Licht hinter den Mauern von Ashford Castle

Glengarriff ist wie gemacht für den Sommer

Das irische *gleann garbha* heißt »raues Tal«, aber der Name passt ganz und gar nicht zum lebhaften Küstenstädtchen. Der Golfstrom sorgt für mildes Klima, Frost gab es hier seit Jahrzehnten so gut wie nie. Zu Zeiten von Queen Victoria machte Englands Oberschicht hier Sommerfrische. Heute kommt jedermann, der Ort ist Ausgangspunkt für Wanderungen in die schöne Wildnis der Beara-Halbinsel

Wines P. HARRINGTON. Spirits
Corona Extra
IRISH COFFEE

Wer die Panoramastraße der Beara-Halbinsel verlässt, der kann stundenlang wandern, ohne einen Menschen zu treffen. Der nicht mühelose Aufstieg über unmarkierte Pfade wird mit einer grandiosen Aussicht über Hügel, Täler und den Inchiquin-See bis hin zu den Bergen der Iveragh-Halbinsel belohnt

Das Glück der Einsamkeit in der Weite von Gleninchaquin

Friedlicher Protest
an der Mauer von Belfast

Von der Kriegsgrenze zur Friedensmauer: Die Peace Wall steht zwischen der von Protestanten bewohnten Shankill Road und der Falls Road, die zum katholischen Viertel Belfasts gehört. Auf den *murals* ist der Nordirland-Konflikt noch immer nicht vergessen, die Bilder befassen sich jedoch inzwischen mit Spannungen auf der ganzen Welt

Die Samuel-Beckett-Brücke ist zugleich eine Skulptur. Die kühne Konstruktion des spanischen Architekten Santiago Calatrava erinnert an eine futuristische Harfe und überspannt seit 2009 in Dublins neuer Hafencity den Fluss Liffey. Der Bau würdigt zweierlei: das Nationalinstrument und den wichtigsten Dramatiker des Landes

Dublin schlägt die Brücke in die Zukunft

Die Kunst, sich selbst zu inszenieren, zählt in Irland mehr als die Realität. Die Iren sind ein Volk der Geschichtenerzähler. Das ist es, was der Schriftsteller Hugo Hamilton, als Sohn eines Iren und einer Deutschen 1953 in Dublin geboren, an seinen Landsleuten am meisten schätzt

Wir leben von unserer Phantasie

Wie eine schimmernde Harfe spannt sich die neue Samuel Beckett Bridge in Dublins Hafencity über die Liffey. Die stählernen Seile spiegeln sich im Wasser, und fast könnte man meinen, Musik in der herüberwehenden Brise zu hören. Neben der Harfe steht die abgerundete Form des neuen Kongresszentrums, abends lila- und rosafarben beleuchtet. Es wirkt wie ein extravagantes Musikinstrument, wie eine riesige, aufgeblähte Ziehharmonika.

Was würde Samuel Beckett, der große emigrierte irische Schriftsteller, dazu wohl sagen? Der dreht sich vermutlich in seinem Pariser Grab um beim Gedanken daran, dass eine futuristische Brücke in seiner Heimatstadt nach ihm benannt ist. Beckett hatte ein Faible für das Absurde und die Demut. Worte waren seine besten Freunde. Der schlimmste Fluch, den seine Romanfigur Malone jemals einem hinterherrufen konnte, war: »Ich vergebe niemandem. Ich wünsche allen ein abscheuliches Leben und im Jenseits das Feuer und Eis der Hölle. Und den künftigen, fluchwürdigen Generationen einen ehrenhaften Namen.«

Weiter entlang den Kais stehen die ausgemergelten und gespenstischen Skulpturen einer Gedenkstätte zur großen Hungersnot in Irland. Dieses Mahnmal an die Zeit um 1850 erinnert an die Vergangenheit, an die Realität. Und wer lange genug auf diesen Jahrmarkt irischer Gegensätze blickt, glaubt beinahe, der Fluss sei zum Erliegen gekommen und die Stadt beginne zu fließen.

Unsere stattlichen Träume von Wohlstand sind inzwischen überschuldet, also besinnen wir uns auf das, was wir am besten können – von unserer Phantasie leben, unserer Kreativität, unserem natürlichen Hang zum Feiern und unserem uralten, aufmüpfigen, treffsicheren Humor.

»Ich ließ es in der Hand Gottes, und er ließ es in meiner, der Sausack.« In diesem weltlichen, postkatholischen, postkapitalistischen Endspiel scheint dieses irische Sprichwort noch treffender zu sein. Erst haben wir die Kirche zu sehr respektiert – und dann die Banken. Alkohol respektieren wir vermutlich immer noch zu sehr. Und auch wenn die Not nach Irland zurückgekehrt ist, bleiben dennoch genügend Gelegenheiten für Witze. Es ist eine gute Zeit für Wirtschaftsleute und eine gute Zeit für Komiker, für schrille Fakten und für Selbstparodie. Ein Dubliner Lächeln enthält immer eine Spur von Ironie.

Unseren wilden Optimismus haben wir möglicherweise noch nicht ganz verloren. Vor Kurzem entdeckte ein Hobby-Astronom aus Dublin eine Supernova in einer fernen Galaxie. Vielleicht steht uns zumindest durchs Fernrohr betrachtet eine rosige Zukunft bevor.

Zurzeit sind die Zeitungen hier voller Rückbesinnung. Denker kratzen sich am Kopf und stellen klar, Irland sei weit mehr als nur eine Wirtschaft. Es ist eine Gesellschaft, ein Volk, eine Gemeinde. Wenn wir nur die Zeit ein wenig zurückdrehen könnten. Wenn wir nur all die Designer-Handtaschen und Sonnenbrillen zurückgeben könnten und das Geld dafür zurückerstattet bekämen. Momentan zählen nicht Brücken oder neue Architektur, sondern die immateriellen Dinge des Lebens – Freundschaft, Familie, menschliche Beziehungen.

Es ist die innere Landschaft des irischen Volkes, auf die es wirklich ankommt. Die unbeschwerten Gespräche sind so farbenfroh wie die Berge und Seen und kurvenreichen Straßen, die im Sommer von roten Fuchsienhecken gesäumt sind. Schillernd wie grüne Tunnelalleen, bei denen sich die

Baumwipfel über der Straße treffen, und zugleich so nichtssagend und leer wie die weite Moorlandschaft mit ihren Hunderten von Braun-, Kupfer- und Goldtönen. Einige dieser Straßen sind inzwischen mithilfe europäischer Fördermittel begradigt und zu Autobahnen geworden, aber der Charakter des Landes ist geblieben – in unserer Sprache. Die Sprache hier bleibt so wild wie das Meer, so hin- und hergerissen wie das Wasser, das an der Küste zehrt. Aber sie ist das wertvollste Gut, das uns geblieben ist. Sie ist die Grundlage für die irische Kunst der Selbstinszenierung. Gespräche hierzulande, viel mehr als anderswo, sind wie ein laufender Kommentar, fast als würde das Leben nur in narrativer Form existieren. Die Geschichten, die wir über uns selbst erzählen, waren seit jeher wichtiger als irgendwelche Fakten. Der Anrufer bei einer Talkshow im Radio verlangt »konkrete Antworten«, als hätte er das Wort soeben erst gelernt, als wären konkrete Antworten eine utopische Substanz.

Anders gesagt: Die Iren leben fürs Erzählen. Genau wie jeder andere wollen auch wir diese Konsumententräume, aber allein das Reden darüber verhindert, dass wir vom rein Materiellen besessen sind. Wenn Sie im Taxi sitzen, ist der Fahrer der Talkshow-Moderator. Er wird Ihnen eine kurze Geschichte des Landes bieten. Er wird fragen, wo Sie bisher waren, wie Sie Ihr Geld verdienen und wie viele Kinder Sie haben. Sie werden von dieser Welle der Neugier überwältigt sein, von der Freundlichkeit. Sie werden seiner demütig-selbstironischen Stimme auf den Leim gehen und in das Verkehrsgewühl aus Komik und Beichte hineingesogen. Sie lassen sich auf die Erzählung ein, und ehe Sie sich's versehen, haben Sie Ihre eigene Lebensgeschichte preisgegeben.

Woher nehmen die Iren ihre berühmte Freundlichkeit? Bisher hat noch niemand eine Antwort darauf gefunden. Soziologen mischen sich nicht in diese Frage ein, vermutlich weil es ähnlich ist wie mit der Frage nach Liebe und Leben – je mehr man darüber redet, desto schneller verfliegt es. Aber der Versuch einer Erklärung wäre es schon wert.

Die Iren sind eine kleine Gemeinde. Rund sechs Millionen von uns leben auf dieser Insel, aber mehr als 70 Millionen im Ausland, die sich zu Recht als irisch bezeichnen können. Eigentlich könnte man uns vorhalten, wir würden versuchen, ganz allein die Welt zu übervölkern. Eine riesige Serie von Babybooms und eine irische Diaspora, die sich über den Globus verteilt, von London bis Seattle, von Berlin bis Toronto.

Millionen haben über die Jahrhunderte das Land verlassen, nur wenige sind zurückgekehrt. Das Weggehen und das Zurückkehren und das erneute Weggehen wirkten sich ganz gewiss auf den Umgang der Iren untereinander und gegenüber Fremden aus. Es machte Freundschaften dringender, wichtiger, aber auch unbeständiger, vergänglicher und flüchtiger. Iren packen ihre ganze Freundschaft in eine einzige Nacht, aus Angst, sie komme nie wieder.

Die Geschichte der Emigration und der politischen Revolten hat eine unsichtbare soziale Karte geschaffen, ein Netzwerk von Freunden und Familienbeziehungen, das sich ständig regeneriert. Irische Gespräche sind daher gespickt mit sozialer Recherche. Es ist ein Austausch lokaler Information, eine Art »soziale Elektrizität«. War sein Vater nicht Postbote? War ihre Mutter nicht Krankenschwester?

Der deutsche Zeichner Reinhard Michl erzählte mir, wie er sich zusammen mit seinem Freund während der siebziger Jahre auf den verschlungenen Straßen Irlands verirrte. Sie standen mit ihren Fahrrädern am Straßenrand und versuchten, die Landkarte mit den Straßenschildern in Einklang zu bringen, als ein Bauer aus der Gegend seine Hilfe anbot. Sie gaben ihm die Karte. Aber so, wie er sie hin- und herdrehte, war ihnen sofort klar, dass er damit nichts anfangen konnte. Voller Zuversicht jedoch deutete er gestenreich quer über die Landschaft, als könne er das gesamte Land samt Bevölkerung überblicken. Die Karte in seinen Händen war für ihn wie ein unleserliches Pergament aus einer anderen Zeit, und doch hätte er den beiden Fahrradfahrern ohne Weiteres die Namen aller Besitzer der umliegenden Felder, der Rinder und Schafe nennen können – und auch, von wem sie die Tiere gekauft hatten.

Möglicherweise lässt sich die irische Obsession mit Stammbäumen schon allein aus den Namen erklären – O'Kelly, O'Connor, O'Mahony. Es ist wie ein langer Bogen zurück in die Vergangenheit. Namen verraten die Herkunft genauso, wie ein Adress-Schildchen an einem Koffer die Besitzverhältnisse klärt. Mein eigener Urgroßvater in West Cork wurde O'Donovan Blind genannt, nicht weil er selbst erblindet wäre, sondern ein entfernter Vorfahre, der durch den Angriff der Cromwell-Truppen angeblich blind geschlagen wurde. Wie ein Wasserfall stürzen Vergangenheit und Erinnerung herab und lassen sich in den Namen nieder.

Die irische Dichterin Núala Ní Dhómhnaill beschreibt, wie sie als Fünfjährige in Kerry einen Mann auf der Straße traf, der sie – wie es die Iren seit jeher zu tun pflegen – fragte, wem sie gehöre. Und sie ganz unschuldig antwortete: »Ich gehöre niemandem außer mir.«

Die Angewohnheit, nach der sozialen Herkunft zu forschen, gilt grundsätzlich auch für Besucher. Ein Neuankömmling aus San Francisco beispielsweise wird garantiert nach einer bestimmten irischen Kneipe in der Stadt gefragt. Der Besucher aus Berlin wird nach der Berliner Mauer gefragt, als sei sie etwas Irisches, quasi eine hiesige Mauer, die über Nacht verschwunden ist. Und so erstreckt sich das soziale Netzwerk allmählich über die gesamte Welt. Es ist die irische Art, die globale Welt in überschaubare, regionale Dimensionen zu zerlegen, als bestehe sie aus einer riesigen Menge benachbarter Felder.

In gewissem Sinne ist jeder heimisch hier, egal woher er kommt. Jeder kann fünfzehn Minuten lang Ire sein. Als der irische Dichter und Nobelpreisträger Seamus Heaney nach seinem Aufstieg zu Ruhm und Ehren gefragt wurde, sagte er, dass in Irland jeder berühmt sei.

Auf einer Reise durch Irland wird einem bewusst, dass diese uralte soziale Landkarte auch in der Landschaft selbst zu finden ist. Sie ist da in den Klöstern und den efeubedeck-

Wo sich der Alltag von Kinsale spiegelt: im Fenster einer Bar, in Träumen, im Müßiggang junger Leute

»In gewisser Weise ist jeder hier heimisch, egal woher er kommt.«

Ein Ständchen auf die irische Lebensart in Galway

ten Ruinen und im Sonnenlicht über dem Shannon-Fluss. Sie ist da in den Ortsbezeichnungen und den Straßenschildern. Wenn Sie mit einem Navigationssystem unterwegs sind, wird Sie das Gerät ganz bestimmt abseits vom Wege führen, durch all die kleinen Dörfer tief im Herzen der Landschaft, unberührt und jenseits der Schnellstraßen.

In Kneipen bei einem oder mehreren Bieren, daheim bei einer Tasse Tee und ein paar Scheiben getoastetem Barm Brack, einem süßen Brot mit dampfenden Rosinen, wird die Landkarte der irischen Geschichtenerzähler jedes Mal aufs Neue herausgeholt und umgeschrieben. Erzählungen und Klagelieder, Meinungen und Lebensgeschichten werden herumgereicht wie archäologische Artefakte. Es ist der ultimative Handel in einer Freundschaft, der Austausch imaginärer Güter.

Sie hören eine tragische Geschichte von einem jungen Fischer aus Lough Derg, der sich in ein einheimisches Mädchen verliebt. Sein Vater erzählt ihm, er verschwende seine Zeit. Sie ist zufällig deine Schwester, sagt er. Zwei Jahre später verliebt sich der Junge in ein anderes Mädchen, und wieder sagt ihm der Vater, dass auch dieses Mädchen seine Schwester sei. Bestürzt läuft der junge Mann zu seiner Mutter, eine Erklärung suchend. Er erzählt ihr, was der Vater gesagt hat, und sie beruhigt ihn mit den Worten: »Mach dir keine Sorgen, mein Sohn, er ist gar nicht dein Vater.«

Man will der Geschichte glauben, aber dann lachen plötzlich alle. Man wird nie ganz sicher wissen, was hier wahr ist und was fiktiv. Das liegt daran, dass große Teile der sozialen Landkarte nicht auf Fakten beruhen. Es ist, als würde sich die Karte bewegen, und es gibt eine Spannung, die zwischen Wahrheit und Fakt hin- und herpendelt. Der Rausch der Freundschaft geht weiter und dauert bis tief in die Nacht, aus Angst, dass sie nie zurückkehrt.

Ein anderer Geschichtenerzähler berichtet von einem Ort und von Menschen, die weiter westlich wohnen, noch weiter zurück in der Vergangenheit, auf Achill Island. Vielleicht ist diese Geschichte glaubhafter, weil die Landschaft noch rauer ist und die Entfernungen, so wie der deutsche Schriftsteller Heinrich Böll es schrieb, manchmal den Augen wehtun.

In dem kleinen Inselhafen Purteen, so wird erzählt, fischten sie einst nach Riesenhaien. Die Flossen lagen zum Trocknen auf den Steinmauern und wurden bis nach China exportiert. Die Fischer von Purteen waren ein emsiges Volk, gesegnet mit einer reichen Phantasie. Sie lebten nach einem natürlichen Kodex, eine Art sanfter Sozialismus, bei dem sich jeder um jeden kümmerte. Männer, die mit ihrem Fang zurückkehrten, legten alle Fische auf den Pier, drehten sich um und losten so lange aus, bis der Fang gerecht unter den Menschen verteilt war.

Vielleicht gibt es etwas an diesem Austausch menschlicher Beziehungen, das sich ins 21. Jahrhundert hinübergerettet hat. Vielleicht hat Irland einen Weg gefunden, um den globalen Instinkten zu kontern, indem es an seiner vererbten Geschichtslandkarte festhält. In den Geschichten, immerhin, leben die Iren auf. ■

Annette Streck *übersetzte den Text aus dem Englischen.*

Lichter der

Kleinstadt

Provinz ade – mit der neuen Waterfront möchte Dublin in die Liga internationaler Metropolen aufrücken. Eine Weltstadt ist es geworden, doch die Hauptstädter bewahren das gemütliche Flair ihrer Heimat

TEXT **JEANNETTE VILLACHICA** FOTOS **PHILIP KOSCHEL**

Auf zu neuen Ufern. In den vergangenen Jahren des Booms entstand im alten, heruntergekommenen Hafengebiet das neue Quartier Dublin Docklands mit kühnen Wahrzeichen wie dem Convention Center Dublin am North Wall Quay (Mitte) und der Samuel Beckett Bridge

Temple Bar ist nichts für Guttempler, irgendwann landet hier jeder Nachtschwärmer. Das Viertel, das der Kneipe den Namen gab, lockt Besucher mit Pubs und Clubs, Läden und Galerien bis spät in die Nacht

Dubliner, die die Welt umarmen wollen, müssen nicht reisen. Die Welt kommt zu ihnen, am liebsten nach Temple Bar

1 Nachts vor dem überfüllten »Oliver St John Gogarty« in Temple Bar 2 Erinnerung an die Hungersnot von 1845-51: »Famine Memorial« am Custom House Quay 3 Einst hieß es Maut zahlen, um Zeit zu sparen: die Ha'penny Bridge über die Liffey 4 Unter kritischen Augen: Musik handgemacht

Ein Denkmal erinnert an die große Hungersnot. Heute ist alles zu haben, Kaufhäuser und Pubs sind gut besucht

Shopping Time. Die Grafton Street zwischen Trinity College und St Stephen's Green ist erste Adresse für fast alles Begehrenswerte

Eine Institution seit 1913: der beste Fish-'n'-Chips-Imbiss Dublins in der Mespil Road. Gründer Ivan Beshoff setzte auf beste Qualität und wurde 104 Jahre alt

Tore, Türme, Tunnel und Portale auf kleinem Raum. Bequem und gelassen kann man die City entdecken

1 Sanfte Klänge vor sakraler Kulisse: Die Harfe ist das Instrument Irlands 2 Nicht ganz original, aber formschön: Christ Church Cathedral, deren älteste Teile aus dem 12. Jahrhundert stammen 3 Grafton Street: Pracht eines lauen Spätsommers 4 Lower Baggot Street: zu Hause hinter georgianischen Mauern

1

2

3

4

Jeder kannte jeden. Ohne die vielen jungen Ausländer wäre die Multikulti-Stadt ein großes irisches Dorf geblieben

Frühmorgens gefällt mir Dublin am besten. Wenn sich der nächtliche Schleier langsam auflöst, die Sonne über dem Hafen aufgeht und das Kreischen der Möwen die Kaimauern entlanghallt. Tagsüber geht der spröde Charme der alten O'Connell Bridge im Chaos unter. Fußgänger hetzen bei Rot über die Kreuzungen, Doppeldeckerbusse hupen, Radfahrer bleiben stoisch unbeirrt. Die O'Connell Bridge ist das Entree zur O'Connell Street, Brücke und Boulevard bilden den Dreh- und Angelpunkt der Stadt. Hier kommt jeder vorbei, ob er in einer der alten Arbeitersiedlungen im Nordteil oder einem viktorianischen Stadthaus auf der Südseite wohnt. Die Liffey, der Fluss, der sich mitten durch Dublin zieht, teilt die Stadt; die Brücken verbinden. Im vergangenen Jahrzehnt wurden weitere Brücken gebaut. Die schönste ist die kühne, elegante Samuel Beckett Bridge im neuen Hafenviertel, erbaut vom Stararchitekten Santiago Calatrava.

Tagsüber kann Dublin plötzlich wie verwandelt sein. Wenn sich Sonnenstrahlen an den Wolken vorbeidrücken oder gar Sommerhitze die Stadt in gleißend helles Licht taucht. Leider verschwindet die Heiterkeit meist genauso schnell wieder. Der Wind, der fast nie ruht, kreiert ein aufregendes Licht- und Schattenspiel und treibt einem bald den nächsten Schauer über den Rücken.

In Dublin ist nicht nur das Wetter unvorhersehbar. Das Leben in der irischen Metropole, die sich seit Mitte der neunziger Jahre, dem »Sprung des keltischen Tigers«, rasant verändert hat und doch irgendwie die alte geblieben ist, birgt Überraschendes, Fremdes, Gegensätzliches, Widersprüchliches. Dublin ist in Bewegung, denn diese Stadt ist jung, außergewöhnlich jung für eine westeuropäische Hauptstadt. 2006 zur Hochzeit des Wirtschaftsbooms war ein Drittel der Dubliner zwischen 20 und 34 Jahre alt. Nicht wenige der Jungen haben die Stadt verlassen, seit die Rezession begann, dennoch wird Dublin niemals langweilig. Auch weil die Iren so gern reden. Ihr Sprachwitz, der skurrile Humor und ihre Diskussionsfreude schließen jeden mit ein. Überall wird man angesprochen, an der Ampel, im Bus, im Pub. Das macht den Alltag angenehm. Allerdings birgt die irische Beredsamkeit auch Tücken, von denen ich als frisch eingewanderte Deutsche nichts ahnte.

Am Tag nach meiner Ankunft saßen mein Freund Alex und ich im »Café en Seine«, das Pariser Etablissements der vorletzten Jahrhundertwende imitiert, als uns Ian ansprach. Er war einige Wochen zuvor nach 14 Jahren in London nach Dublin zurückgekehrt. Nun saß er hier allein beim Bier und fragte sich und uns, ob das noch seine Stadt sei. Die in den letzten Jahren des Booms entstandene Architekturlandschaft der Docklands im alten Hafengebiet nur wenige Minuten von der City sei ihm vollkommen fremd. Ich verfügte noch nicht über die nötigen Kenntnisse, beschränkte mich also aufs Nicken, trank süffigen Cider und überließ Alex, der immerhin seit drei Wochen in Dublin arbeitete, Anteil nehmende Bemerkungen wie *sure* und *great*. Ian spannte einen weiten Bogen von seinem Leben in London zum Dasein im Küstenort Bray südlich von Dublin, wo er gerade das Haus seiner Eltern renovierte. Irgendwann stellte er die Frage, die eine wundervolle Freundschaft zwischen ihm und Alex einläuten sollte: »Du verstehst nicht zufällig was von Elektrik, oder?« Ich traute meinen Ohren nicht: Jemand, der fast nichts über uns wusste, lud Alex zum Heimwerken ein.

Am Nachmittag waren wir schon von unseren irischen Nachbarn zum Pub-Quiz eingeladen worden. Wenn es so weiterginge, dachte ich damals, dann hätten wir in einem Monat jede Menge irischer Freunde und das Gefühl, nie woanders gelebt zu haben.

Wochen später war aus dem gemeinsamen Pub-Quiz und dem Heimwerken immer noch nichts geworden. Nach ähnlichen Erfahrungen mit irischen Kolleginnen begann ich zu begreifen, dass man nicht alles wörtlich nehmen sollte, was Iren aus Höflichkeit oder einem plötzlich aufwallenden Gemeinschaftsgefühl heraus äußern. An meinem ersten Wochenende in Dublin war ich froh, dass Ian und unsere Nachbarn mir das Gefühl gegeben hatten, willkommen zu sein. Die Freude über die vielen jungen Polen, Chinesen, Nigerianer, Franzosen und Deutschen, die während des Wirtschaftsbooms kamen, mag sich abgeschwächt haben – ohne sie hätte sich das große irische Dorf jedoch nicht so schnell zur Multikulti-Metropole gewandelt.

Es gibt heute Dinge in Dublin, die 1989, als ich zum ersten Mal mit einer Freundin durch Irland trampte, außerhalb jeder Vorstellungskraft lagen: polnische Lebensmittelläden und Gottesdienste, karibische Restaurants, afrikanische Hairdresser und jede Menge Teetrinker, die zum Kaffee konvertiert sind. Einige Iren sagen, das neue, vielfältige, raffiniert gewürzte Essen sei das, wofür sie Gott am meisten danken. Die Dubliner, die es sich noch leisten können, kaufen weiterhin auf den zu Boomzeiten entstandenen Wochenmärkten mit Bioware und Spezialitäten ein, wie man sie im Künstler- und Touristenviertel Temple Bar findet.

Meine Lieblingsmärkte sind die fürs Volk. Obst und Gemüse bekommt man in der Innenstadt nirgends so günstig wie auf dem Moore Street Market. Dort, mitten in der Shoppingmeile der alteingesessenen Arbeiterschicht, lernt

1 Fernanda ganz entspannt: Die junge Brasilianerin arbeitet gern im Café des Irischen Filminstituts
2 Das belebteste Pflaster der Hauptstadt: O'Connell Bridge und O'Connell Street

man ein Dublin kennen, das von den Anhängern des »authentischen« Irlands auch *»real Dublin«* genannt wird. Die Händlerinnen verkaufen vom Karren herunter, rufen mit rauer Stimme *»Six apples a euro, love!«* und pflegen das *Dubbelin English* der *northsiders*. Im irischen Englisch gibt es ohnehin oft schnalzende Laute, und Vokale werden gern gedehnt. Im Mund von echten Dublinern wird das *»oo«* der Moore Street zu einem langem O, *»thanks«* verliert sein *»th«* und wird zu »tänks«, und *»you«* klingt wie »jerr«. Viele *northsiders* haben auch die Eigenart, das *»u«* wie ein deutsches U auszusprechen, gut zu hören in *»Yer fucking idiot!«*.

Anfangs wohnten Alex und ich in einer Reihenhaussiedlung im nördlichen Stadtteil Artane. Am ersten Weihnachtsfeiertag war Schnee gefallen, nachmittags kam die Sonne raus, und ich fühlte mich wie der privilegierteste Mensch auf der Welt. Wir gingen im St Anne's Park spazieren, einem riesigen Park mit Golf- und Tennisplatz, Waldstücken, einem Bächlein und romantischen Ruinen, der sich zur Bucht hin öffnet und selbst unter Dublinern fast unbekannt ist.

Am nächsten Tag waren wir bei Mary und Paul zum Tee eingeladen. Letztlich waren sie ebenso wie Ian gute Freunde geworden. Pauls Eltern und Marys Freundin Lisa waren auch da, die Kinder spielten oben. Alle außer uns hatten ihr ganzes Leben in Artane verbracht. Alex und ich erfuhren von den Verstrickungen von Kirche und Staat, von kürzlich aufgedeckten Missbrauchsfällen in ihrer Umgebung, von katholischen und protestantischen Sportarten und von der Artane Band. Ob wir wüssten, warum die Band so bekannt sei?

Absolutely no idea. Die Artane Band, erzählte Pauls Mutter, sei eine irlandweit bekannte Marschmusikkapelle, die die Fans im Croke Park Stadium der Gaelic Athletic Association seit weit über hundert Jahren mit Songs wie *»Dublin in the rare auld times«* oder *»Molly Malone«* auf die Begegnungen im Hurling, Camogie oder Gaelic Football einstimme. »Larry Mullen, der Drummer von U2, war auch mal Mitglied der Band. Er wuchs in der Rosemount Avenue auf, ihr wisst schon, bevor man zum St Anne's Park kommt. Ein Onkel von ihm hat mit meinem Mann bei der Bahn gearbeitet. Stimmt's, Jack?«

Jack wusste offenbar nicht, von wem die Rede war. »Meinst du den Buckligen oder den mit dem Klumpfuß?« Er lachte. Zu Paul sagte er: »An den Onkel von Larry Mullen erinnert sich deine Mutter, aber an unsere erste richtige Verabredung nicht.« Seine Frau meinte, das sei ja nun kein Wunder. Schließlich hätten sie schon als Kinder miteinander spielen müssen, weil ihre Mütter befreundet waren.

Dublin ist ein Dorf, jeder kennt jeden oder zumindest jemanden, der jemanden kennt, den man selbst auch kennt. Das Zentrum ist so klein, dass man es bequem zu Fuß erkunden kann. Die zweitbeste Art, um sich in dieser staugeplagten Stadt fortzubewegen, sind die neue Straßenbahn Luas und die Schnellbahn DART, die auch raus an die hügelige Küste von Bray und ins schöne Fischerstädtchen Howth fährt.

Am meisten geschimpft wird auf die Busse. Fürs Benutzen der Busse gibt es so viele Regeln, dass man Monate braucht, um sie herauszufinden. Besser ist, sich auf der Website der Betreibergesellschaft Dublin Bus mit den Richtlinien vertraut zu machen. Die wichtigsten Regeln: die Hand rausstrecken, damit der Busfahrer anhält; das Fahrgeld passend haben, weil die Fahrer kein Geld rausgeben können; und festhalten, damit man sich nicht verletzt. Wenn eine halbe Stunde lang kein Bus und dann drei auf einmal

Die Dubliner lieben die Gemeinschaft. Darum fühlt man sich unter Freunden, auch wenn man niemanden kennt

kommen, nicht aufregen! Es kommt auch vor, dass ein Fahrer unangekündigt eine andere Strecke fährt – weil er neu ist und die richtige Route vergessen hat. Ich habe auch erlebt, dass ein Fahrer Geld abheben musste oder seinen Kollegen abholte, der ihn ablösen sollte. Interessant ist auch die Reaktion der Fahrgäste: Es gibt keine. Man hofft, dass sich das Problem von selbst löst. Wenn es lange genug anhält, entwickelt sich eine Dynamik, die den ganzen Bus einbezieht. Alle rätseln, diskutieren, ziehen an einem Strang. So entsteht ein Gemeinschaftsgefühl, wie die Iren es lieben.

Am liebsten gibt man sich dem Gemeinschaftsrausch im Pub hin. Ein irischer Pub ist nicht nur eine Kneipe, in der man mit Freunden etwas trinkt. Besonders im *local pub,* der Stammkneipe um die Ecke, aber auch in großen traditionellen Pubs wie der »Porterhouse Temple Bar« in der Dubliner City mischen sich alle Bevölkerungsschichten und Altersgruppen. Dunkles Holz, gedämpftes Licht, verwinkelte Gänge und gepolsterte Sitzecken sorgen für eine heimelige Atmosphäre. Man fühlt sich unter Freunden, auch wenn man nur seinen Nebenmann kennt.

Die Stimmung ist freudig aufgeladen: Man lobt, schimpft, lacht, singt, will die Welt umarmen. Viele Iren haben die Fähigkeit, sich einem Fremden so intensiv zuzuwenden, dass der gar nicht anders kann: Er muss sich als etwas Besonderes fühlen. Das fand ich von Anfang an umwerfend. Kein Wunder, dass sich die meisten Ausländer spätestens beim ersten Pub-Besuch in Irland verlieben.

In Dublin findet man neben klassischen Pubs mit oder ohne Livemusik eine Riesenauswahl an eleganten Hotelbars, entspannten Café-Bars und hippen Club-Bars. Zur Boomzeit grenzten die Feierlaune, Shoppingwut und der Drogenkonsum nicht nur junger Dubliner an Vergnügungssucht. Das wurde durch die Krise rabiat gestoppt. Nun sind Schulden und Arbeitslosigkeit hoch, riesige Baustellen ruhen, Ernüchterung allüberall.

Die Pubs sind trotzdem voll – und die Dubliner gesprächig wie eh und je. Ich sehne mich nach dieser unkomplizierten Art des Umgangs. Das ist es, was ich am meisten vermisse, seit ich wieder in Deutschland bin. ■

Das Licht zeichnet die strengen georgianischen Fassaden in der Pembroke Road weich

MERIAN | TIPPS

Zum Sitzen und Genießen

Bewley's
Kaffee trinken und beobachten.
(d 3) 78/79 Grafton Street
www.bewleys.com

Irish Film Institute Café Bar
Junge Atmosphäre, gut und günstig.
(d 3) 6 Eustace Street
www.irishfilm.ie

The Mermaid Café
Aufregende Atlantik-Küche. Günstig: die »Pre-Theatre Menus« (18-19 Uhr).
(d 3) 69/70 Dame Street
Tel. 01 6708236, www.mermaid.ie

Whelan's Pub
Konzerte von Singer-Songwritern.
(d 4) 25 Wexford Street
www.whelanslive.com

Café en Seine
Cocktails in Art-nouveau-Atmosphäre.
(e 3) 40 Dawson Street
www.cafeenseine.ie

The Temple Bar
Legendäre Bar. Täglich Livemusik.
(d 3) 47/48 Temple Bar
www.thetemplebarpub.com

Dublin-Stadtplan auf S. 133

DIE REISEVERSICHERUNGEN DES ADAC

DEN URLAUB GENIESSEN – WAS AUCH PASSIERT

Urlaub, die schönste Zeit des Jahres! Damit das auch in jedem Fall so bleibt, sollte man sich rechtzeitig gegen Unfall oder Krankheit vor oder während der Reise absichern.

Endlich der lang ersehnte Familienurlaub am Roten Meer! Claudia Lindner hatte alles perfekt organisiert: ein kinderfreundliches Hotel, ein toller Strand – und die Reiseversicherungen des ADAC hatte sie für alle Fälle zur Sicherheit auch noch abgeschlossen. „Werden wir schon nicht brauchen, aber man weiß ja nie!“, dachte sie.

Einen Tag vor der Abreise passierte es dann doch:
Der Jüngste bekam hohes Fieber – eine Grippe, der Abflug musste verschoben werden. Normalerweise eine teure Angelegenheit. Aber bei Claudia Lindner kam nach nur einem Anruf die ADAC-ReiserücktrittsVersicherung selbstverständlich für die Umbuchungskosten auf.

Das Beispiel zeigt: Reiseversicherungen sind kein Luxus, sondern ein Muss, will man sich Ärger und Kosten ersparen. Zum einen sind Reiseveranstalter bei Reiserücktritt nur selten kulant, zum anderen kommen die gesetzlichen Krankenversicherungen außerhalb Deutschlands nicht oder zumindest nicht ausreichend für die Behandlungskosten auf. Die Reiseversicherungen des ADAC bieten weitreichende Absicherung gegen Unfall oder Krankheit vor und während der Reise – mit verbraucherfreundlichen Tarifen und Leistungen. Beispiel **ADAC-ReiserücktrittsVersicherung:** Sie übernimmt im Tarif „Basis“ die Stornokosten bei Reiserücktritt, erstattet im Tarif „Exklusiv“ zudem bei Reiseabbruch den anteiligen Reisepreis für nicht genutzte Reiseleistungen und bietet im Tarif „Premium“ finanziellen Ausgleich bei Verlust oder Beschädigung des Gepäcks. Alle Leistungen gibt es jeweils mit oder ohne Selbstbeteiligung. Der **ADAC-Auslands-Krankenschutz** ergänzt Ihre bestehende Krankenversicherung – im Tarif „Basis“ sind bei akuter, unerwarteter Erkrankung oder Verletzung im Ausland die medizinisch notwendigen Behandlungskosten von Arzt, Zahnarzt und Krankenhaus enthalten. Der Tarif „Exklusiv“ bietet zudem ein Krankenhaus-Tagegeld und der Tarif „Premium“ zusätzliche Leistungen bei Unfall oder Invalidität. Die Reiseversicherungen des ADAC sorgen für Versicherungsschutz weltweit in jedem Urlaub.
Familie Lindner konnte mit drei Tagen Verspätung ans Rote Meer starten und den Urlaub genießen.
Wie Claudia Lindner vor der Abreise gedacht hat: Lieber vorher auf Nummer sicher gehen ... man weiß ja schließlich nie.

URLAUBSSCHUTZ NACH MASS:

Alle Informationen zu den leistungsstarken Reiseversicherungen des ADAC erhalten Sie unter www.adac.de/reisekoffer oder unter Tel. 0180 2 22 10 17

(6 Cent/Anruf aus dem deutschen Festnetz; max. 42 Cent/Minute aus Mobilfunknetzen)

Kein Luxus, sondern ein Muss: die Reiseversicherungen des ADAC gehören in jeden Reisekoffer.

ADAC

ADAC-Schutzbrief Versicherungs-AG
Am Westpark 8,
81373 München

TEXT **TIBOR M. RIDEGH**

Der hohe Norden und sein mildes Licht

Nordirland ist unwiderstehlich schön. Das muss sich nur noch herumsprechen. Dann werden immer mehr Besucher diesem Land verfallen

Foto: Violetta Bismor

Antrim-Küste

Das Hochufer wacht über den Strand, die Wolken spielen mit dem Licht, die Wellen wechseln mit Ebbe und Flut und die Sinne werden bis zum Horizont gelockt. Der grandiose Atlantiksaum bei Portrush strahlt Ruhe aus, zu Städtchen und Kneipe ist's weit

Die uralten Buchen sind verbunden und verbündet. Sie schützen sich und scheinen sich zu stützen

Dark Hedges

Die 101 Buchen an der Bregagh Road sind rund 250 Jahre alt. Einige Dutzend von ihnen sollen fallen: Sie seien ein Risiko für Benutzer der Allee. Bisher blieb die Attacke der Behörden aus. Die B 147 von Ballymoney Richtung Nordost fahren, kurz hinter dem Gracehill Golf Club rechts abbiegen

Foto: Philip Koschel

Die Gräfin hasste das Rauschen des Meeres. Die Familie ging und überließ die Burg dem Verfall

Dunluce Castle

Mächtiger Ausguck 30 Meter über dem Atlantik. Nach dem Bau im 16. Jahrhundert war Dunluce die »starke Festung« der McQuillans, bis sie der schottische MacDonnell-Clan vertrieb. Die Burg wurde aufgegeben, nachdem 1639 die Küche samt Personal ins Meer rutschte

Foto: Violetta Bismor

Hier baute sich der Riese Finn einen Damm nach Schottland, doch der Weg wurde von einem Rivalen zerstört

Giant's Causeway

Nicht verlegt, nur dicht gedrängt: Die fast 40 000 Klötze in Nordirlands Naturerbe wirken wie Straßenpflaster. Die Form der Basaltsäulen kam durch die gleichmäßige und gemächliche Abkühlung von Lava zustande, die hier vor 60 Millionen Jahren floss

Foto: Philip Koschel

Hinter Carnlough Harbour ist die Antrim-Küste nicht mehr dramatisch, die Berge flachen zur Küste ab. Für Segler eine unter vielen Marinas Nordirlands

Bisher hatte die »Girona« Glück gehabt. Englischen Feinden und heftigen Stürmen knapp entkommen, lief die arg ramponierte Galeasse der spanischen Armada den Hafen Killybegs an. Dank der Unterstützung eines irischen *clan chief* konnte sie rasch instand gesetzt werden. Die Invasion Englands schmählich gescheitert, mehr als 20 Schiffe der stolzen Kriegsflotte allein in irischen Gewässern gestrandet – nun wollten sich die Spanier nach Schottland durchschlagen.

Mit 1300 Mann an Bord segelte die »Girona« am 30. Oktober 1588 an der Antrim-Küste entlang. Wieder kämpfte sie mit schwerer See. Um Mitternacht brach das Ruder. Die Besatzung versuchte noch, das Schiff von den Klippen fernzuhalten. Vergeblich, die »Girona« zerschellte. Nur neun Männer konnten ihr Leben retten. Von Leuten aus dem nahen, hoch über dem Meer thronenden Dunluce Castle wurden sie gefunden. Die Burgherren nahmen die Gestrandeten auf, versorgten sie gut und schickten sie dann fort. Weil seither auch Menschen mit schwarzen Haaren und dunklen Augen hier leben, kehrten wohl nicht alle sofort heim.

Wieder im Oktober, über 400 Jahre später. Wie damals ist die Gastfreundlichkeit sehr herzlich, man kann sie nur über den irischen grünen Klee loben, und so manches gemütliche Bed & Breakfast wird auch zu dieser Jahreszeit noch frequentiert. Es ist unglaubliche 18 Grad warm und die See von einem für Irland unverschämt knalligen Blau. Die Fregatte F 81 »HMS Sutherland« der Royal Navy fährt dicht unter der Küste spazieren. Oben in den schönen, bizarren Ruinen von Dunluce Castle stehen Sonntagsausflügler, sie fotografieren, genießen die Sonne und den Blick aufs Meer. Wäre man *clan chief* oder Graf, genau hier baute man sich auch heute sein Domizil. Und schaute hinaus über eine der berauschendsten Landschaften, die an Europas Küsten auf Entdeckung warten.

Die Klippen, schwarze Basaltsäulen, roter Sandstein und weiße Kreidefelsen, zerfräsen die atlantische Steilküste zwischen Castlerock und Ballycastle. Oben auf dem Hochplateau vor dem Causeway Head wuchern Wacholder, Heide, Brombeere und Stechginster. Ihre Undurchdringlichkeit bewahrt die Wanderer auf den Pfaden und die Schafe auf den Weiden vor dem Abgrund. Tief unten brechen Tausende verstreuter Felsbrocken und strenge Basaltformationen die auflaufende See. 162 Stufen fordern, ausgenommen bei starkem Wind, zum Abstieg heraus. Wo sonst wird man am Ende eines schmalen Schäferstiegs mit einem Weltnaturerbe belohnt: dem »Damm des Riesen«.

Giant's Causeway ist ein Wunder aus fast 40 000 fünf- oder sechseckigen Basaltsäulen, eng aneinandergepasst am Strand. Man möchte kaum glauben, dass die so regelmäßige Felskomposition natürlichen Ursprungs ist. Sie weckt Phantasien, einzelne Gruppen dieser vulkanischen Kuriosität werden »Orgel des Riesen«, »Amphitheater« und »Hufeisen« genannt. Kinder lassen sich gern erzählen, dass die massenhaften Klötze das Werk des irischen Riesen Finn McCool seien, der trockenen Fußes einen verfeindeten Kumpanen in Schottland heimsuchen wollte. Weil dieser geologische Skulpturenpark eine der bedeutendsten Attraktionen Nordirlands ist, kommt man auch mit dem Shuttle-Bus hin.

In den nahen viktorianischen Badeorten Portstewart und Portrush sieht ein nordirischer Sonntagnachmittag so aus: Die Seepromenaden sind bevölkert, und die Haltebuchten für Autos sind vollgeparkt. Mit *fish 'n' chips*, Eiskrem und der Sportzeitung hocken ganze Familien in ihren Autos und sind

Foto: Philip Koschel

Derry/Londonderry

Schatten der bösen Vergangenheit: Das »Motorman Mural« gehört zum Zyklus von zwölf Wandmalereien, die Tom Kelly (am Geländer) und zwei Künstlerkollegen im Viertel Bogside schufen. Die Gewalt ist beendet, die Stadt schaut nach vorn

Auf dem Weg von Downhill nach Derry: Geschichte in Mauern und auf ihnen

Derry kontert schlechtes Wetter mit bun
einer 400 Jahre alten Stadtmauer umgeb

zufrieden, solange ihnen niemand den Blick aufs Meer verstellt. Da loben sich andere die Weitläufigkeit der Strände. Strände wie vor Portstewart oder an der Whitepark Bay versetzen Antrim-Anfänger erst in Erstaunen und dann in Begeisterung. Diese feinsandigen, kilometerweit ausholenden Gestade mit Dünen, weißen Kreidehochufern und grünen Hügelketten! Und plötzlich geht hier so mancher Urlauber den Mittelmeerküsten ein für allemal verloren. Enthusiasten verlängern gern die Saison, indem sie sich zum Baden in Neoprenanzüge zwängen. Abends können sie sich dann mit einem edlen Whiskey im gemütlichen Landhotel »Bushmills Inn« durchwärmen. Die Old Bushmills Destillery von 1784 ist in der Nähe und zu besichtigen, natürlich mit Verkostung.

Auch Frederick Hervey (1730-1803), vierter Earl of Bristol und anglikanischer Bischof von Derry, soll kräftig eingeschenkt haben. Die Stätte seiner ausschweifenden Bankette, der Landsitz Downhill bei Castlerock, ist nicht mehr sehr einladend, wird aber geadelt durch eine gloriose Historie. Den klassizistischen Palast, im 18. Jahrhundert auf einem Hochplateau über dem Meer erbaut, findet man nur noch als Ruine vor. Auf der Treppe zur einstigen Vorhalle hocken junge Leute und angeln sich ein frugales Mahl aus dem Picknickkorb. Da servierte der Fürstbischof seinen Gästen Besseres. Und danach ließ sie der weltgewandte, gebildete und reiseerfahrene Grandseigneur durch die Palastkorridore mit vielen Gemälden großer Meister flanieren und bat, vorzugsweise Damen, in seine reich sortierte Bibliothek.

Einer jung gestorbenen Frau zum Andenken, Frideswide Mussenden, der wohl sein Herz gehört hatte, ließ Hervey einen römischen Tempel nachbauen. Den gibt es noch, er steht hart an der Kante der Steilküste und wird irgendwann Opfer der Küstenerosion werden. Bis dahin erinnert der Mussenden Temple an einen Exzentriker, der nicht nur Lebemann war, sondern couragiert gegen die Diskriminierung der Katholiken wetterte und als protestantischer Kirchenführer katholische Messen auf seinem Grund und Boden zuließ. Einen Mann wie Frederick Hervey hätte man im Derry des 20. Jahrhunderts dringend gebraucht.

Derry liegt sehr schön in einer Hügellandschaft, durch die sich der River Foyle windet. Von der Antrim-Küste kommend, fährt man hinab in die Stadt. Derry oder Londonderry – auf einigen Ortsschildern votierten radikale Bürger mit dem Farbtopf: Londonderry unterstreicht die Zugehörigkeit zum Vereinigten Königreich, also wurde das Präfix »London« je nach politischem Bekenntnis übermalt oder wieder hinzugefügt. Das Zentrum von Derry ist rundum von einer breiten, anderthalb Kilometer langen Stadtmauer mit sieben Toren eingefasst, keine Stadt in Irland hat heute noch so eine Promenade. Jogger eilen vorbei, Touristen begutachten alte Kanonen. Unterhalb des östlichen Walls weist sich ein protestantisches, probritisches Wohnviertel auf großer Tafel aus: *»Londonderry West Bank Loyalists still under siege. No surrender«*. Die Britentreuen fühlen sich noch immer belagert.

»Wir ergeben uns nicht!« 105 Tage lang hatten die Truppen des abgesetzten katholischen Königs Jakob II. die mehrheitlich protestantische Stadt belagert. Dabei wäre sie fast kampflos besetzt worden. Doch bevor die Stadtoberen im Dezember 1688 die Soldaten hereinlassen konnten, ließ eine Gruppe junger Leute kurzerhand die Fallgatter der Stadttore herab. Als Monate später endlich die Schiffe des protestantischen Gegenkönigs Wilhelm III. von Oranien den katholischen Blockadering

ben. Die Innenstadt ist von
letzten intakten in Irland

Glücklicherweise nur noch ein Denkmal. Bewohner und Besucher sind überall frei in der Stadt Derry, die offiziell schon seit 1618 Londonderry heißt

sprengten, lebte nur noch die Hälfte der Einwohner. Doch der Mythos der heldenhaften »13 Lehrlinge« wird bis heute von den *»Apprentice Boys«*-Bruderschaften lebendig gehalten.

Die Katholiken von Derry pflegen hingegen die Erinnerung an den 30. Januar 1972. An diesem Sonntag demonstrierte die Bürgerrechtsbewegung der stets benachteiligten katholischen Bevölkerung gegen die Internierung von Hunderten politischen Gefangenen, die ohne Prozess einsaßen. Britische Fallschirmjäger richteten ein Blutbad an. 14 Menschen wurden erschossen. Keines der Opfer war bewaffnet, doch die Armee erklärte, sie habe nur das Feuer erwidert. Erst 2010 bat die britische Regierung für den »Bloody Sunday« um Verzeihung.

Erneut ein Blick über die Stadtmauer, diesmal nach Westen. Auch hier Parolen. An einer Giebelwand steht: *»You are now entering free Derry.«* Dies ist das katholische Viertel Bogside. Wer die jüngere Geschichte des konfessionell-politischen Zwistes auf ungewöhnliche Weise erleben will, besucht dort die People's Gallery. Sie zieht sich an Häuserwänden der gesamten Rossville Street hin. *Murals*, Wandmalereien, die ganze Hausmauern beanspruchen, zeigen eindrucksvoll Szenen der *troubles* in einer Stadt, die wie keine andere für den irischen Bürgerkrieg steht.

Der Bloody Sunday hat sich nicht nur tief in die Geschichte Irlands, sondern auch in das Leben der drei Künstler Tom und William Kelly und Kevin Hasson eingebrannt, die von 1994 bis 2008 ein Dutzend *murals* malten. Persönlich führen sie Besucher zu ihrer Kunst, deren Aktualität glücklicherweise mehr und mehr verblasst. Derry/Londonderry gibt sich heute friedlich, lebhaft und attraktiv.

Die Gefahr, in Nordirland in politische Auseinandersetzungen zu geraten, ist ungleich geringer, als etwa von Schafen attackiert zu werden. Aber die lassen sich nicht mal sehen auf dem Weg durch die Sperrin Mountains, eines der schönsten und einsamsten Hochlandgebiete auf dem Weg nach Omagh.

Man kann nicht über Nordirland schreiben, ohne auf Omagh einzugehen, was hiermit geschehen ist. Aber wenige Kilometer außerhalb dieser Stadt befindet sich immerhin der Ulster American Folk Park mit Gehöften und Siedlungen der Alten und Neuen Welt. Dieses Freilichtmuseum ist für Iren und viele Amerikaner bedeutend. Über zwei Millionen Iren allein aus der Provinz Ulster bestiegen im 18. und 19. Jahrhundert Auswandererschiffe.

Das Navan Fort kurz vor Armagh führt noch viel tiefer in die irische Geschichte, gibt aber bei zunehmender Erforschung immer mehr Rätsel auf. Zu sehen ist nicht mehr als ein riesiger aufgeworfener, von einem Erdwall umgebener Grashügel. Der Sage nach Sitz des mythischen keltischen Königs Conchobar von Ulster, bronzezeitliche Siedlung und kurz vor der Zeitenwende Ort eines riesigen hölzernen Tempels, der vermutlich in einer Opferzeremonie abbrannte. Bei Ausgrabungen fand man den Schädel eines Berberaffen aus Nordafrika, wie man im Besucherzentrum erfährt.

Im gemütlichen Armagh ist der Reisende wieder in die christliche Zeit zurückgekehrt. Sie präsentiert sich in beiderlei irischer Gestalt mit zwei Kathedralen, die beide dem heiligen Patrick geweiht und jeweils erzbischöflicher Sitz für ganz Irland sind. Auf die Frage, ob man zwecks Wegersparnis erst die katholische und dann die anglikanische Kirche aufsuchen solle oder besser umgekehrt, antwortet ein älterer Einheimischer: »Egal. So oder so, am Ende deines Weges steht Gott.« Das hört sich recht versöhnlich an. ■

Einer von hier

Vor 25 Jahren kam der *taz*-Journalist **RALF SOTSCHECK** nach Irland und ist dort bis heute der einzige deutsche Korrespondent. Seit dem Umzug aufs Land ist er auf der Insel endgültig zu Hause

FOTOS **PHILIP KOSCHEL**

Folksängerin Geraldine MacGowan mit ihrer Band. Ralf Sotscheck ist ihr Fan

Fast wäre ich daran vorbeigefahren. Die kleine grüne Tür und das handgemalte Schild in der alten irischen Schrift sind leicht zu übersehen. Aber die Whiskeyflaschen im Fenster bewogen mich, nachzuforschen. Es lohnte sich, ich fand den schönsten Pub an der irischen Westküste: »Ó Loċlainn's« in Ballyvaughan.

Das war vor 15 Jahren. Inzwischen ist es meine Stammkneipe. Sie hat sich seitdem etwas verändert, 1998 haben Peter Ó Loċlainn und seine Frau Margaret Toiletten eingebaut. Bis dahin gingen die Männer auf die Wiese gegenüber. Für Frauen war es schwieriger. Wenn Peters Vater, der den Pub damals führte, sie mochte, durften sie die private Toilette in der Wohnung im ersten Stock benutzen. Wenn nicht, hatten sie Pech.

Einen Fernseher, wie er in vielen irischen Wirtshäusern Einzug gehalten hat, gibt es nicht. »Ein Pub ist zum Reden da«, sagt Peter. Und zum Trinken. Der 63-Jährige sammelt Whiskeys, er hat 400 Sorten, für seine Gäste hält er eine Auswahl von 30 bis 40 bereit. Peters größter Schatz ist ein seltener, verzierter Spiegel mit Werbung für »Persse's Galway Whisky«, der bis etwa 1913 auf einer Flussinsel mitten in der Stadt Galway gebrannt wurde. 2002 tauchte eine Flasche davon in England auf – und wurde für 100 000 Pfund angeboten. Daraufhin kramten viele auf ihren Dachböden herum und förderten weitere Flaschen zutage, sodass der Preis sank.

Wenn mir jemand vor zehn Jahren prophezeit hätte, dass ich freiwillig zum *culchie* würde, hätte ich ihn zum Narren erklärt. *Culchies* – das sind Landeier. Der Name stammt vermutlich von dem Dorf Kiltimagh in der Grafschaft Mayo, wo sich Fuchs und Hase gute Nacht sagen. Ich hatte immer in Städten gelebt: in Berlin, meiner Heimatstadt, in Belfast und in Dublin.

Ganz freiwillig war die Wandlung zum Landei freilich nicht. Meine Frau Áine hatte ein Haus in Fanore, dem Nachbarort von Ballyvaughan, gekauft, als ich unterwegs in Deutschland war. Als ich das Haus sah, zweifelte ich erstmals, seit sie mich geheiratet hatte, an ihrem Verstand. Das Haus war zuletzt ein Kuhstall gewesen, aber für die Kühe nicht mehr zumutbar. Und das sollte für uns gut genug sein? Ein ortsansässiger Bauhandwerker vollbrachte ein Wunder, und so freundete ich mich mit der Idee langsam an. Eines Tages hörte ich Áine zu unseren neuen Nachbarn Pat und Gill sagen: »Jetzt muss ich nur noch dafür sorgen, dass Ralf glaubt, es war alles seine Idee.«

Es war eine gute Idee. Die Landschaft ist selbst für Irland einmalig. Auf den ersten Blick wähnt man sich allerdings auf dem Mond: graue Steinhügel und helle Kalksteinplatten, so weit das Auge reicht. Der Name dieser Gegend im Westen Irlands scheint es treffend auszudrücken: Burren – vom irischen Wort *boireann,* was »felsiger Ort« bedeutet. Oliver Cromwells Offiziere behaupte-

Auf felsigem Boden: Die Einsamkeit der karstigen Burren-Landschaft lässt den Journalisten und Buchautor nicht los

Gute Nachbarn: Bei Gill in der Küche erfährt man das Neueste aus Fanore, und wenn Pat (rechts) mal weg ist, kommt Ralf rüber, um die Kühe zu füttern

ten: »Zu wenig Wasser, um einen zu ersäufen, zu wenig Bäume, um einen aufzuhängen, zu wenig Erde, um einen zu verscharren.«

Man muss genauer hinsehen. In dem 500 Quadratkilometer großen Gebiet wachsen Klee, Anemonen, Moose, Felsenrosen, Veilchen, Kreuzblumen, Enzian, Schlüsselblumen und Orchideen. Pflanzen aus dem Mittelmeerraum, aus den Alpen und der Arktis gedeihen einträchtig nebeneinander. Ein besonderes Phänomen sind die Senken, die im Winter von unterirdischen Quellen geflutet werden und im Sommer austrocknen. Der Burren Way, ein 50 Kilometer langer Wanderweg, streckenweise mit Blick auf den Atlantik bis zu den Aran-Inseln, animiert selbst einen eher fußfaulen Menschen wie mich zu ausgedehnten Spaziergängen, zumal man immer wieder Neues entdecken kann. Nirgendwo in Irland findet man eine solche Dichte an Zeugnissen aus der Steinzeit, aber auch aus christlicher Zeit: Ringwallanlagen, Kochgruben, die auf Irisch *fulachta fiadh* heißen, Keilgräber, heilige Quellen, Klosteranlagen und alte Kirchen, wie etwa in Kilfenora, deren Bischof der Papst ist, weil sie ihm als einzige Diözese Irlands direkt unterstellt ist.

Aber Landschaft und geschichtliches Erbe allein reichen nicht aus, um sich an einem Ort wohlzufühlen. Dazu gehören auch Nachbarn, Freunde wie Pat und Gill McNamara. Er ist Bauer, er besitzt 17 Kühe und einen Stier, sie arbeitet im »Vasco«, dem einzigen Restaurant in Fanore. »Ein Fremder ist ein Freund, dem man bisher noch nicht begegnet ist« – Pat und Gill sind der Beleg für dieses irische Sprichwort.

An Fremde ist man in dieser Gegend gewöhnt. Während des Folk-Revivals in den 1970er Jahren kamen viele ausländische Touristen, vor allem aus Deutschland, denn Doolin, elf Kilometer südlich von Fanore, galt als Mekka der Folkmusik. Noch heute finden in »McGann's« und »O'Connor's« jeden Abend Sessions statt.

Die Musik war es auch, die vor vierzig Jahren mein Interesse an Irland geweckt hatte. Freunde von mir spielten irische Trinklieder und »Rebel Songs« in den Berliner Folk Pubs. Die Trinklieder verstand ich sofort, die »Rebel Songs« veranlassten mich zu eingehender Beschäftigung mit irischer Geschichte und Politik.

Bei meiner ersten Irlandreise 1974 führte mich der Weg natürlich nach Doolin. Ein Jahr später kehrte ich dorthin zurück und lernte Áine kennen. Wir zelteten in Fanore in den Dünen. Wir waren jung, wir hätten immer dort bleiben können. Nun, fast vierzig Jahre später, wohnen wir dort, nur ein paar hundert Meter entfernt. ■

Im Privatarchiv: Sotscheck arbeitet für Zeitung, Hörfunk und macht Filme

Folk, Rock, Ziegenbock

In Irland sind aus einigen kleinen lokalen Festen internationale Events geworden. Andere blieben provinziell und können doch mit einigen zehntausend Besuchern rechnen

An Festen und Festivals mangelt es nicht zwischen Ballyshannon und Wexford. Man muss sich nur entscheiden können. Hier eine Auswahl:

Ende Januar
Temple Bar TradFest, (E 4/5) Dublin
Fünf Tage lang werden im Viertel Temple Bar mit Livesessions, Pub Trails, Workshops und Straßentheater die irische Musik und Kultur gefeiert.
www.templebartrad.com

17. März
St Patrick's Day (siehe Seite 8)
www.stpatricksday.ie

Mitte bis Ende Mai
Fleadh Nua, (B 5) Ennis
Konzerte, irischer Tanz, Straßenmusik, Paraden und Wettbewerbe, bei denen die besten Musiker ihrer Instrumente ermittelt werden. Alljährlich rund 50 000 Zuhörer.

Anfang Juni
Rory Gallagher Tribute Festival, (C/D 2) Ballyshannon
Das Rock-'n'-Blues-Festival erinnert in seiner Geburtsstadt an den legendären Gitarristen Rory Gallagher.

Anfang Juni
Writers' Week, (B 6) Listowel
Literarisches Volksfest mit Erzählwettbewerben und Schreibwerkstätten.
www.writersweek.ie

16. Juni
Bloomsday, (E 4/5) Dublin
Der einzige Feiertag weltweit, der einer Romanfigur gewidmet ist (siehe S. 10).
www.jamesjoyce.ie

Mitte bis Ende Juni
Midsummer Festival of the Senses, (C 7) Cork
Einen ganzen Monat lang gibt es Musik, Theater, Tanz und Performance.
www.corkmidsummer.com

August
(E 4/5) Dublin Horse Show
Leistungsschau mit 1500 Pferden und Ponys und großen Damenhüten. In mehr als 100 Veranstaltungen geht es um Trophäen und hohe Preisgelder. Zu den Sprungwettbewerben reist die internationale Reiterelite an.
www.dublinhorseshow.com

10. bis 12. August
Puck Fair Festival, (A/B 6) Killorglin
Der Puck ist ein Ziegenbock, der während eines Pferdemarkts zum König gekürt wird. Mehr als 100 000 Besucher.

September
Dublin Festival Season
Fringe Festival, Theatre Festival und Culture Night sind die drei kulturellen Höhepunkte. Fringe Festival: 16 Tage Theater, Comedy, Tanz, Musik. Das feine Theatre Festival ist das älteste Europas. Die Culture Night: Nacht der Museen und Galerien.
www.fringefest.com, www.dublin theaterfestival.com, www.templebar.ie

Ende September
(B/C 4) Galway Internat. Oyster Festival
Alles dreht sich um die Muschel.
www.galwayoysterfest.com

September/Oktober
(B 5) Lisdoonvarna Matchmaking Festival
In diesem kleinen Kurort auf dem Burren, findet Europas größte Singlebörse statt. Der Heiratsmarkt dauert einen ganzen Monat.
www.matchmakerireland.com

Oktober
(E 6) Wexford Festival Opera
Was vor 50 Jahren klein begann, zählt heute zu den wichtigsten Kulturfestivals des Landes und hat internationales Renommee gewonnen. 2008 wurde das neue Opernhaus eröffnet.
www.wexfordopera.com

Mitte bis Ende Oktober
(F 2) Belfast Festival of Queens
Klassik und Oper, Theater und Tanz, Bildende Künste, Comedy und Film. Es begann in den siebziger Jahren auf dem Campus der Queen's University. Heute gehört es zu den bedeutendsten und beliebtesten Kulturereignissen auf den britischen Inseln.
www.belfastfestival.com

Alle Festivals sind zu finden unter:
www.festivals.ireland.ie und
www.discovernorthernireland.com
Tourism Ireland verschickt den Calender of Events gratis.
www.entdeckeirland.de

Hingebungsvoll: Gitarristin beim Oyster Festival in Galway

Musiksession im »Duke of York«, dem Lokal mit einer der größten Whiskeysammlungen Irlands. Die Musiker ziehen von Pub zu Pub – es gibt viel zu tun in Belfast

Belfast

Eine Stadt mit Vergangenheit – und vor allem mit Zukunft. Industrie und Bürgerkrieg sind von gestern, heute ist Nordirlands Hauptstadt wieder lebenswert

legt los

TEXT **RALF SOTSCHECK** FOTOS **PHILIP KOSCHEL**

Die »Crown Bar« in der Great Victoria Street ist filmreif. Alles ist hier so typisch, bis hin zu den legendären Einzelsäuferkojen

Schweift der Blick bis ans Ende irgendeiner Straße, so bleibt er stets an einem Hügel hängen – oder an einem Pub

1 Schöne Kaffeepause im Commercial Court 2 The Ceilidh Club, ein Verein für traditionelle Tänze, trifft sich jede Woche im »Dark Horse Pub« 3 Ein bisschen Glamour: Treffpunkt vor dem Victoria Square Shopping Centre 4 Eingang zu Geschichte und Kunst: das Ulster Museum

Der Pub ist voll, aber niemand spricht. Die Gäste lauschen andächtig den drei Männern mit ihren Dudelsäcken auf der improvisierten Bühne neben dem Eingang. Jeder Ton sitzt, die drei müssen seit langem zusammenspielen. Es soll 21 Jahre dauern, bis man das Instrument beherrscht. Als die Musiker eine Pause machen, strömen die Zuhörer an die dunkle Holztheke, um für Nachschub zu sorgen. Kaum setzen die Dudelsäcke wieder ein, verstummen die Gespräche. Das Geld für die Getränke ist gut angelegt, denn jeder Penny Profit geht an das benachbarte Zentrum für Arbeitslose, das sich mit dem Pub finanziert. Weil der 1987 verstorbene Dichter John Hewitt am Maifeiertag 1983 das Zentrum eröffnete, benannte man das Wirtshaus in der Donegall Street nach ihm. Seine Bücher und die Werke anderer Schriftsteller stehen auf Regalen im Nachbarzimmer, an der Wand hängen Fotos von berühmten Gästen: Irving Welsh, Linton Kwesi Johnson und Will Self.

Als die Musiker ihre Dudelsäcke nach zwei Stunden einpacken, will man sie gar nicht gehen lassen. Aber sie müssen weiter in den nächsten Pub zur nächsten Session. Es gibt nämlich viel zu tun in Belfast. Vom Friedensprozess beflügelt, erlebt die Stadt einen gewaltigen Aufschwung. Alt und Neu liegen in der nordirischen Hauptstadt dicht beieinander. Die beiden Kruppkräne »Samson« und »Goliath« am östlichen Rand des Hafens symbolisieren beides: die stark geschrumpfte Schiffbauindustrie in der einst größten Werft der Welt und das »Titanic Quarter«, das an ihrer Stelle entsteht – ein Hightech-Park, der aber auch Raum gibt für Wohnen und Freizeit. Neben den neuen Shopping-Palästen in der Innenstadt stehen – jedes selbst ein Palast – das neobarocke Rathaus, das sich die Stadt 1906 aus den Gewinnen der Gaswerke leistete, und das orientalisch anmutende Opernhaus von 1895, in dem Luciano Pavarotti vor fast 50 Jahren seinen ersten Auftritt auf den Britischen Inseln feierte.

Die ehrwürdige Queen's University, ihr Stammhaus ist ein Palast von 1849 im Neo-Tudorstil, veranstaltet jährlich im Herbst ein Musik- und Theaterfestival, das aus bescheidenen Anfängen zu einem zwei Wochen währenden Großereignis gewachsen ist. In der Queen's University studierten die irische Präsidentin Mary McAleese, der Literaturnobelpreisträger Seamus Heaney und der Schauspieler Stephen Rea. Letzterer sagte über seine Heimatstadt: »Belfast ist wie ein hässliches Kind – man liebt es mehr als die anderen.«

Dabei ist Belfast keineswegs hässlich. »Das kleine Belfast kann eine so schöne Stadt sein«, meint der Schriftsteller Robert McLiam Wilson. »Sooft man in Belfast den Blick bis ans Ende einer Straße schweifen lässt, bleibt er an irgendeinem Berg oder Hügel hängen.« Oder an einem Pub.

Das berühmteste Wirtshaus Belfasts, wenn nicht gar Irlands, der »Crown Bar Liquor Saloon«, liegt in der Great Victoria Street gegenüber vom »Europa Hotel«, das mehr Bombenanschläge über sich ergehen lassen musste als wohl irgendein anderes Gebäude der Welt: 33 Explosionen erschütterten das Hotel im Laufe des Nordirland-Konflikts, aber es steht immer noch. In der »Crown Bar« gibt es noch die Buntglasscheiben mit aufgemalten Muscheln, Feen und Clowns, ebenso die kleinen Metallplatten an den Wänden, an denen man Streichhölzer entzünden konnte, als man in den Pubs noch rauchen durfte. Auch die zehn *snugs* sind erhalten. Heinrich Böll nannte sie »Einzelsäuferkojen«, hier kippten sich Frauen und Priester unbeobachtet einen hinter die Binde.

Zwar mag die »Crown Bar« der berühmteste Pub sein, doch »White's Tavern« in der Winecellar Entry ist älter – viel älter. Noch ist nichts los, ein paar Gäste sitzen am Torffeuer und nehmen ihren Lunch. Erst nach Geschäftsschluss füllt sich der Pub, und freitags und sonntags, wenn Musiker zur traditionellen Session zusammenkommen, wird es eng. Im »White's« werden seit 1630 Getränke ausgeschenkt. Viel hat sich seitdem nicht verändert. Die aus Ziegeln gemauerten Wände sind geweißelt, die Decke ist niedrig und wird von dicken Holzbalken gestützt, es wirkt alles etwas windschief. Der bekannteste Gast war Henry Joy McCracken, Baumwollfabrikant und Freiheitskämpfer, der im »White's« sein letztes Bier trank, bevor er für seine Teilnahme am Aufstand von 1798 hingerichtet wurde.

Die Winecellar Entry ist eine jener schmalen Gassen in der Innenstadt, die früher den Geschäften der wohlhabenden Kaufleute vorbehalten waren. Sie sind leicht zu übersehen, aber sie beherbergen so manch altes Wirtshaus, kleine Restaurants und winzige Geschäfte. Die meisten »Entries« verbinden High Street mit Ann Street, wie auch Joy's Entry, wo Henry Joy McCrackens Großvater Francis ab 1737 den *Belfast News Letter* herausgab, eine der ältesten bis heute erscheinenden Zeitungen der Welt.

Schlendern, sitzen und immer wieder einkehren: im Cathedral Quarter

Unter der High Street fließt der Farset. Der kleine Fluss gab Belfast den Namen: *Béal Feirste,* die Mündung des Farset. Im 19. Jahrhundert hat man ihn zugedeckt, um Platz zu schaffen für die expandierende Stadt. Seit dem Friedensprozess wird wieder kräftig gebaut, vor allem im Cathedral Quarter nördlich der High Street, dem früher ärmsten Wohnviertel der Stadt. Im Zuge der Industrialisierung wurden die Wohnhäuser abgerissen und durch Lagerhallen ersetzt. Von dieser Zeit zeugen die Eisenpoller, die die Häuserecken vor Beschädigung durch Pferdekarren schützen sollten. Mit dem Niedergang der Leinen- und Schiffbauindustrie verfiel das Viertel.

Fast unbemerkt ist Cathedral Quarter in den letzten Jahren auferstanden. Weil die Mieten billig waren, haben sich alternative Kulturbetriebe angesiedelt wie das »O Yeah Music Centre«, wo man alles über Nordirlands Rock- und Punkszene erfährt, oder die »Black Box« in der Hill Street, auf deren Bühne Rockkonzerte, aber auch Dichterlesungen stattfinden. Das alte Viertel strahlt jugendlichen Charme aus. 45 Prozent der Belfaster sind unter 30 Jahre alt.

Der Grundstein für St Anne's Cathedral, die dem Viertel den Namen gab, ist 1899 gelegt worden, aber fast ein Jahrhundert hat man immer weiter an ihr herumgebaut. Gegenüber der Kathedrale, auf dem Writers' Square, sind Steinplatten mit Zitaten nordirischer Dichter in den Boden gelassen.

Seit Beginn des Friedensprozesses wird ein weiterer Dichter immer wieder zitiert. Seamus Heaney schrieb von einer Zeit, in der *»hope and history rhyme«,* Hoffnung und Geschichte keine Gegensätze mehr sind. Aber die Spuren des Konflikts sind noch sichtbar. Nur wenige Schritte vom Zentrum entfernt grenzen katholische und protestantische Viertel aneinander, getrennt durch eine hohe Mauer. Die mehrere Kilometer lange »Friedenslinie« gehört inzwischen zu den Besucherattraktionen. Künstler aus aller Welt haben Gemälde auf der Mauer und auf zahlreichen Giebelwänden in der Nachbarschaft hinterlassen. »Das ist Belfasts Antwort auf Mona Lisa«, meint der ehemalige militante Kämpfer Lawrence Robinson. »Wozu also nach Paris fahren?« ■

MERIAN | BELFAST

ÜBER NACHT

❶ Ramada Encore
Modernes Hotel im Cathedral Quarter.
20 Talbot Street, St Anne's Square
Tel. 028 90261800
www.encorebelfast.co.uk, 169 Zi.
DZ ab 60 £ bei Internetbuchung

❷ Malmaison
Kombination aus viktorianischem und modernem Boutique-Stil, gutes Restaurant, im Zentrum.
34-38 Victoria Street
Tel. 028 90220200
www.malmaison.com
64 Zi., DZ ab 85 £

ESSEN UND TRINKEN

❸ CoCo
Innovative Küche, Hauptgerichte unter 20£. Moderne Einrichtung.
7-11 Linenhall Street, Tel. 028 90311150, www.cocobelfast.co.uk

❹ Tedfords Restaurant
Gute Fischgerichte, zentrale Lage.
5 Donegall Quay
Tel. 028 90434000
www.tedfordsrestaurant.com

TRADITIONELLE MUSIK/PUBS

❺ Crown Bar Liquor Saloon
46 Great Victoria Street
www.crownbar.com

❻ Duke of York (siehe auch S. 95)
3-11 Commercial Court

❼ The John Hewitt Bar
51 Donegall Street
www.thejohnhewitt.com

❽ White's Tavern
2-4 Winecellar Entry
www.whitestavern.co.uk

MUSIK UND THEATER

Ulster Bank Belfast Festival at Queen's
Das Festival der Universität prunkt mit großen Namen und vor allem mit Menge. Meist in der zweiten Oktoberhälfte.
Tel. 028 90971197
www.belfastfestival.com

SIGHTSEEING

Belfast Taxi Tours
Neben der Fahrt zur Friedensmauer werden die Thementouren »City Centre«, »Titanic Quarter« und »Cathedral Quarter« angeboten. Jeweils ca. 90 Minuten.
Tel. 028 90642264 oder
0800 0523914 (nur in Nordirland)
www.belfasttours.com/about.htm

TOURISTEN-INFORMATION

❾ Belfast Welcome Centre
47 Donegall Place,
Tel. 028 90246609
www.gotobelfast.com

Erinnerungsstätte d
Zukunft: Das vierflügeli
Visitor Centre entste
im neuen Stadtteil Titar
Quarter und soll 20
eröffnet werden. D
Umbau des Helgens d
»Titanic« (orang
ist noch in Planu

TITANIC QUARTER

Die Hafencity und ihre Patin

Harland & Wolff in Belfast war die größte Werft der Welt und ihr berühmtestes Schiff die »Titanic«. Auf Queen's Island, wo sie gebaut wurde, wächst mit dem Titanic Quarter eines der größten Städtebauprojekte Europas und ein Kult um das Unglücksschiff

TEXT **TIBOR M. RIDEGH**

Die »Titanic« (links) und ihr Schwesterschiff »Olympic« im Jahr 1910. Das 80 Meter hohe und 290 Meter lange Montagegerüst war mit Laufkränen ausgestattet, die jeden Abschnitt der Schiffe erreichen konnten

Complimentary Parking

Stell dir vor, es ist das Jahr 1911. Du stehst hier am Thompson-Dock. Du hörst Stiefeltritte auf dem Kopfsteinpflaster und Fahrradklingeln. Über dir, wie für alle Ewigkeit, die enormen Stahlwände des Rumpfes der ›Titanic‹. Du schaust hinauf zu den Oberdecks und den vier majestätischen Schornsteinen, die den Himmel füllen… der Welt bislang größtes und luxuriösestes Passagierschiff. – Vergegenwärtige dir die schiere Größe des Docks, beeindruckende 259 Meter lang, 39 Meter breit und 13 Meter tief.«

Es fällt schwer, sich diesen Phantasien hinzugeben, die das Infoschild des »Belfast Titanic Trail« an jenem Platz gern erzeugen möchte, hundert Jahre später. Nichts von der Betriebsamkeit des Schichtwechsels der Werftarbeitermassen, auch ist da kein höhenstürmendes Stahlgebirge, sondern nur ein leerer, grauer Belfaster Himmel. Dafür ist jetzt die Sicht frei auf das edwardianische Pumpenhaus, das die 105 Millionen Liter Wasser des Thompson-Docks innerhalb von 100 Minuten abpumpen konnte. Die riesige Schiffswanne selbst ist in 180 Sekunden schneller abgeschritten als gedacht. Auf dem Betongrund des Docks liegen Kielblöcke gereiht wie aufgeräumtes Spielzeug. Das Areal drumherum, das längst aufgegebene Werftgelände, ist öde und trostlos. Doch man befindet sich ohne Zweifel an einem Ort, wo Vergangenheit und Zukunft Belfasts auf seltsame Weise zusammentreffen. Aufbruch damals, Aufbruch heute.

Kehren wir zurück ins Jahr 1911. Am 31. Mai um kurz nach zwölf Uhr mittags glitt einige hundert Meter südwestlich von hier die »Titanic« vom Helgen 3 der Werft Harland & Wolff in das Wasser des Victoria Channel. »Anmutig und mit Würde«, begeisterte sich ein Zeitzeuge, »als sei sie sich ihrer Schönheit und Kraft bewusst.« Der Stapellauf ging in 62 Sekunden vor sich und, wie bei der Reederei White Star Line üblich, ohne Taufe und Segen, er wurde jedoch vom Abfeuern dreier Raketen begleitet. Der Jubel der fast 100 000 Zuschauer war kaum verklungen, als das Schiff nach kurzer Schleppfahrt zur Endausrüstung ins Thompson-Dock bugsiert wurde. Maschinen und Schiffsschrauben waren noch nicht montiert, und auch die Arbeiten an der Innenausstattung begannen erst hier und dauerten bis zum März 1912. Dann, am 2. April, lief die »Titanic« nach Southampton aus, dem ersten Anlaufhafen ihrer Jungfernfahrt ohne Wiederkehr.

Belfast war mächtig stolz auf diesen schwimmenden Superlativ, der schon während des Entstehens – 4000 Arbeiter bauten mit an der »Titanic« – zum Sinnbild einer scheinbar unumkehrbaren Prosperität der nordirischen Hafen- und Schiffbauerstadt geworden war. Harland & Wolff beschäftigte 15 000 Menschen, einige zehntausend weitere im Großraum Belfast fanden ihr Auskommen in Zulieferbetrieben der Werft. Es war die große Zeit der Nordatlantik-Schifffahrt, britische, amerikanische und deutsche Reedereien konkurrierten um Passagiere und wetteiferten mit Tonnage, Geschwindigkeit und Komfort.

Als die White Star Line hinter ihren englischen Rivalen Cunard Lines zurückfiel, vereinbarte sie 1908 mit Harland & Wolff den Bau gleich dreier massiver Dampfer, deren Namen »Olympic«, »Titanic« und »Gigantic« keine Zweifel an der Philosophie der Reeder ließen. Das Zusammenspiel von Kapital, Unternehmergeist und innovativem Denken brachte nach der vermufften viktorianischen Epoche endlich neue Gestaltungsideen und vor allem modernste Technik des bis heute bewunderten »Edwardian Age« hervor.

Ein Heer von Konstrukteuren, Ingenieuren und Zeichnern ließ die hochfliegenden Pläne für die neuen Schiffe der »Olympic-Klasse« optisch überhaupt erst vorstellbar werden. Im Drawing Office von Harland & Wolff herrschte die Atmosphäre einer Kathedrale, an langen Tischen wurde still und konzentriert gearbeitet. Durch die gläserne Dachkonstruktion fiel natürliches Licht in den riesigen Saal. Hier muss auch der Plan für das oberste Deck der »Titanic« gelegen haben, auf dem die Rettungsboote installiert werden sollten. 64 waren zunächst vorgesehen, dann nur noch die Hälfte und schließlich ganze zwanzig, um eine ungehinderte Sicht von der Promenade des Bootsdecks zu gewährleisten. So standen für nur 1178 Personen, also für die Hälfte der mehr als 2200 Menschen an Bord, Plätze in Rettungsbooten zur Verfügung. Diese geringe Anzahl war, da tonnagebezogen gerechnet wurde, nicht einmal vorschriftswidrig.

Das Drawing Office im alten Verwaltungsgebäude von Harland & Wolff kann man heute besichtigen. »*This ship was their life when they built it*«, steht auf einem Plakat. Als hätte es sich nicht gelohnt, noch für anderes als für die »Titanic« zu leben, steht das Zeichenbüro geisterhaft leer. Es ist verfallen. Wie die »Titanic«, die hier auf dem Reißbrett entstand, bietet es, wenngleich auf festem Boden, das Bild eines Wracks, soll aber mit Millionenaufwand gerettet werden.

Im anderen, schon renovierten Teil des Gebäudes hat sich Titanic Quarter Ltd eingerichtet. Harland & Wolff agiert inzwischen an anderem Platz vor allem als Spezialist für Offshore-Technik. »Früher bauten wir Schiffe, heute bauen wir Städte«, propagiert Titanic Quarter Ltd gänzlich ohne Understatement. Die Projektgesellschaft wird die postindustrielle Landschaft der alten Werftinsel Queen's Island in

Größtes Schiff im größten Dock der Welt

Das Thompson Graving Dock (oben), 1904-11 gebaut, war das größte Trockendock der Welt. Die Maschinen seines Pumpenhauses (im Foto links) konnten das Becken in sehr kurzer Zeit leeren. Februar 1912 (Foto unten): Viel Spielraum bleibt für die »Titanic« nicht

100 Jahre später rührt sich hier keine Hand mehr

Schichtwechsel auf der Werft, aufgenommen 1911, im Hintergrund ist die »Titanic« zu sehen. Gearbeitet wurde bei Harland & Wolff rund um die Uhr. Verwaist und verfallen ist das Drawing Office (unten). Das Unternehmen hat mit Offshore-Technik längst ein neues Geschäftsfeld besetzt

eine neue Belfaster City verwandeln. Sieben Milliarden Pfund Sterling sollen in den kommenden 25 Jahren auf einer Fläche von 75 Hektar investiert werden. Die Vorhaben – darunter, neben vielen Bauten für Dienstleister, eine Hochschule, das nordirische Staatsarchiv, Hotels, Marina, Freizeiteinrichtungen und Apartmenthäuser – sind beeindruckend. Was schon steht – die Odyssey Arena für Sport, Konzerte und Ausstellungen, der Technologiecluster Northern Ireland Science Park mit einem Institut der Queen's University, das White Star House –, ist sehr präsentabel.

Gleich hinter dem Hofplatz von Titanic Quarter Ltd ragen schiffshohe Bauteile in die Luft. Ihre Seitenlinien deuten den Winkel des Bugs der »Titanic« an. Die Grundfläche dieses entstehenden Gebäudes reicht fast bis zum Ort des alten Helgens 3, wo die »Titanic« vom Stapel lief. Zum 100. Jahrestag des Stapellaufs, dem 31. Mai 2011, soll der vierflügelige Komplex, dessen Form maritime Metaphern aufgreift, eingeweiht werden. Als »Titanic Signature Project« wird er, wie es heißt, »Katalysator des Lebens« an der neuen Belfaster Hafencity und Besucherzentrum sein, in dessen Mittelpunkt natürlich die »Titanic« steht.

Vielleicht wird dann auch der Titanic Trail komplett zu begehen sein, bis hoch zum alten Pumpenhaus hinter dem Thompson-Dock. Wenn der Spurensucher auch noch die massiven Elektropumpen bewundert hat, kann er sich im Pumpenhaus stärken. Neben dem Buffet gibt es eine kleine Ausstellung und einen Stand mit Devotionalien. Zwischen »originalen« Kabinenhandtüchern und Schnapsgläsern entdeckt man vielleicht auch das Notenblatt mit dem Choral »Näher, mein Gott, zu Dir«. Das war das letzte Stück, das die Bordkapelle am 15. April 1912 spielte, gegen zwei Uhr, unmittelbar vor dem Untergang des Schiffes.

Die Verbindung der Belfaster zur »Titanic« ist weniger tragisch als legendär. Sie bekennen sich zu ihr und sagen gern: *»When she left Belfast, she was fine.«* ■

MERIAN | INFO

Titanic Walking Tours
Zweistündige Führung zu acht Stationen von Harland & Wolff und der »Titanic« mit ausführlichen Erklärungen.
Odyssey Pavilion, Queen's Road, www.titanicwalk.com

Titanic Boat Tours
Auf dem River Lagan zu den historischen »Titanic«-Plätzen.
Donegall Quay, Jetty 2, www.laganboatcompany.com

Titanic's Dock and Pump House
Information zu Trockendock und Technik des Pumpenhauses.
Queen's Road/Northern Ireland Science Park
www.titanicsdock.com

Krieg in der City

Dublins Banken- und Geschäftsmeile O'Connell Street ist das Herz der Stadt. Während der Osterrevolte 1916 zerstörte britische Artillerie das Zentrum

1916 Nach dem Osteraufstand: Vom 26. bis 29. April hatte britische Artillerie Dublins Zentrum unter Beschuss genommen. Das Eckhaus Eden Quay/Sackville Street ist total zerstört, ebenso die angrenzenden Gebäude in der Sackville Street bis zur Ecke Abbey Street. Vom Liffey aus hatte das Patrouillenboot »Helga« die Innenstadt unter Beschuss genommen, insgesamt wurden 200 Gebäude zerstört oder beschädigt, die Schäden beliefen sich auf die enorme Summe von drei Millionen Pfund. Die weiter aufwärts in der Hauptpost verschanzten Aufständischen hatten vergeblich, darauf gesetzt, dass die Briten ihre eigenen Gebäude schonen würden (siehe auch Seite 136).

2010 Sechs Jahre dauerte der Wiederaufbau, die Sackville Street heißt heute O'Connell Street. Während des Bürgerkriegs 1922 wurde auf dem breiten Duibliner Boulevard erneut geschossen, die gerade restaurierten Bauten waren jedoch nicht betroffen. Hinter neoklassizistischen Säulen: Ulster Bank und Bank of Ireland. Das Eckgebäude zur Abbey Street (ganz links) beherbergt heute den Pub »Grand Central«. Aus den siebziger Jahren stammt das Eckhaus am Eden Quay als Sitz der Bausparkasse Irish Nationwide Building Society. Nur die Statue des nationalistischen Politikers Daniel O'Connell, 1882 enthüllt, hat alle Fährnisse überstanden – von wenigen Einschüssen abgesehen.

Der erste Höhepunkt: die begeisternde Verabschiedung der Queen Mary 2 aus dem Hamburger Hafen

Fotos: Simone Panteleit-Ingo Gauss, Lysefjord-Marion-Granel@pixelio.de, Hamburg - Michael Zapf, Kopenhagen - Jose@Fotolia.de

HAMBURG-REISEN 2011 MIT DER QUEEN MARY 2

ROYALCRUISE WILDE FJORDE UND SHOPPING IN NORDEUROPAS METROPOLEN

Am 5. August 2011 läuft die Queen Mary 2 in Hamburg zur RoyalCruise, einer neuntägigen Kreuzfahrt nach Norwegen und Dänemark, aus. Entspannung, atemberaubende Natur, beste Unterhaltung und kulinarische Höhepunkte prägen diese Skandinavien-Reise.

Der wildromantische Lysefjord

Neben dem Britannia Restaurant und den Grills laden zahlreiche gastronomische Alternativen ein. Und natürlich Bars und Lounges wie die Veuve Clicquot Champagner Bar, die zu einem gemütlichen Plausch verführt oder der Commodore Club, um den Tag mit gepflegten Getränken unter Freunden zu verabschieden. Jeden Nachmittag steht im Queens Room der beliebte Afternoon Tea auf dem Programm, abends finden hier die glanzvollen Bälle statt. Ausgezeichnetes Entertainment bieten auch die Shows im Royal Court Theater - und die Auftritte unserer Special Guests.

R. Seelmann-Eggebert

S. Panteleit

Rolf Seelmann-Eggebert, Adelsexperte der ARD und Commander of the British Empire, gibt im Gespräch mit Simone Panteleit passend zur Reiseroute spannende Einblicke in die Königshäuser Nordeuropas. Rolf Seelmann-Eggebert berichtet außerdem über seine zahlreichen Filmproduktionen zum Thema Royalty und Simone Panteleit, die charmante SAT.1-Moderatorin, wird Sie im Queen Mary 2-Bordfernsehen begrüßen.

Der erste Hafenstopp gilt dem Jugendstil-Städtchen Ålesund, dann geht es durch den wildromantischen Sognefjord nach Flåm, es folgt die Fischer- und Handelsstadt Stavanger. Die vierte Station heißt Oslo, schon die Passage durch den spektakulären Oslofjord ist ein Erlebnis. Norwegens Hauptstadt beeindruckt mit vielen kulturellen Sehenswürdigkeiten und verlockt zu einer Shoppingtour auf den Flaniermeilen Karl Johans Gate und Prinsens Gate, wo die traditionsreichen Warenhäuser GlasMagasinet und Paleet zu finden sind.

ROYALCRUISE NR.: M118 • 5.8. - 13.8.2011

Ab 1.990 € pro Person

··· 9-tägige Skandinavien-Reise ··· spannender Royal-Talk mit SAT.1-Frühstücksfernsehen-Moderatorin Simone Panteleit und Rolf Seelmann-Eggebert, Adelsexperte der ARD und Commander of the British Empire ··· Exklusive Queen Mary 2-Tasche mit vielen Überraschungen nur für Sie ··· Hamburg-Shopping-Gutschein im Wert von 100 € ··· Deutsche Reiseleitung ··· Ab 1.990 € p. P. ··· Aktionswochen Vorteile*: bis zu 400 € Vorteilspreis-Ermäßigung p. P., bis zu 750 $ Bordguthaben p. P. und kostenfreier Pkw-Stellplatz ···

***Sichern Sie sich Ihre Buchungsvorteile während der „Kurs Hamburg 2011 Aktionswochen" bis 28.2.2011**

Kurze Wege in Kopenhagen

Helsingør ist dann Ausgangspunkt für einen Ausflug in die dänische Hauptstadt Kopenhagen, hier lässt es sich dank der kurzen Wege ebenfalls wunderbar bummeln, etwa im Kaufhaus Illum oder im Magasin du Nord, dem 1889 gegründeten und bis heute prächtigsten Einkaufstempel der dänischen Metropole.

Shoppingstadt Hamburg

Nach einem Tag in Århus kehrt die Queen Mary 2 am Samstag in ihren heimlichen Heimathafen zurück. Eine gute Gelegenheit die RoyalCruise in aller Ruhe mit einem verlängerten Wochenende in Hamburg ausklingen zu lassen – und mit einen Überraschungsgutschein im Wert von 100 € für ein ausgesuchtes Geschäft im Neuen Wall, in den Großen Bleichen oder am Jungfernstieg shoppen zu gehen.

Irlands Wa

Das milde Klima des Golfstroms ist das unerschöpfliche Kapital der großen Landschaftsgärten. Die Anlagen zahlen sich für manche Besitzer in harten Euros der botanikverliebten, meist ausländischen Besucher aus

TEXT **ELSEMARIE MALETZKE** FOTOS **PHILIP KOSCHEL**

Noch interveniert niemand gegen den Wildwuchs von Azaleen und Rhododendren an der Himmelstreppe, die hinab zum zauberhaften, rund 300 Jahre alten Bantry House und zur Bantry-Bucht führt

chstum

Über d

ese Brücke musst du gehen

Arrangierte Natur am Fluss, auch wenn es nicht so scheint. Dem freien Spiel der Kräfte werden die Mount Usher Gardens dann doch nicht überlassen

Der Italienische Garten auf Ilnacullin. Hier wuchs einst kaum mehr als Ginster und Heidekraut, aus botanischer Sicht war die Insel ein Nullwert

Niemand muss auf der Veranda von Bantry House schlechte Zeiten aussitzen. Das Wetter ist gut, also hinaus in den Italienischen Garten!

Glänzende Aussichten

Blütenfeuerwerke haben gerade keine Konjunktur, doch die nächste Saison kommt. Brigitte Shelswell-White (links), Hausherrin von Bantry, und Obergärtnerin Lorna Finnegan

Reisende mögen es in Irland manchmal ein wenig zu feucht finden; *Pflanzen nie!*

Als das Hasenglöckchen, die Fuchsie, die Narzisse und der Rhododendron in die Welt kamen, geschah es mit dem Auftrag, vital und fruchtbar zu sein und sich zu mehren. Der Buchsbaum wurde nicht als Schnörkel geboren, die Pfingstrose nicht als kohlköpfige Diva, die ohne Korsett zusammenbricht. In Irland haben die Pflanzen ihren Auftrag nicht vergessen, und Gärtner in Irland zu sein, heißt weniger, das Vorhandene zu päppeln, als dem Grünzeug seine Grenzen zu weisen.

Dies gilt besonders für den Süden der Insel, der regelmäßig befeuchtet und nur flüchtig vom Frost gestreift wird. Selbst Palmen gedeihen an der vom Golfstrom umschmiegten Küste. Als Reisender wandert man durch die Gärten von Mount Usher, Altamont, Bantry, Ilnacullin (Garnish Island) oder Annes Grove in neidloser Glückseligkeit, denn man wird voraussichtlich nie etwas dergleichen besitzen: Eibenbüsche wie Gewitterwolken, Gunnera groß wie Sonnenschirme, eine Flussaue voll blauer Hyazinthen, einen Tempel auf einem Sonnenuntergangshügel, auf dem die Schafe weiden, oder gleich eine ganze Insel, wie Ilnacullin.

Es geht aufwärts. Dichtes Grün säumt die Treppe auf dem Weg zum Griechischen Tempel von Ilnacullin

Als John Annan Bryce 1910 Ilnacullin, das Eiland in der Bucht von Glengarriff, erwarb und den englischen Gartenarchitekten Harold Peto zu seiner Unterstützung berief, war der 15 Hektar große Felsbuckel mit Torf, Stechginster und Heide bedeckt. Mr Bryce ließ Löcher hineinsprengen und Bootsladungen guter Erde herüberschaffen, um sein Anwesen für anspruchsvollere Bewohner auszupolstern: Kamelien und Magnolien, Baumfarne, Schönmalven, Stechapfel und chilenischen Flammenbaum. Ein »glückliches Tal« zwischen einem alten Wehrturm und einem Aussichtstempel auf der Klippe führt mitten hindurch. Am Rande des Areals schuf Peto einen formalen italienischen Senkgarten, in dessen Wasser-

Die Insel Ilnacullin hatte 1910 ein Investor aus Belfast gekauft. Er verlor ein Vermögen, aber Park und Landhaus wurden fertig

becken sich Kolonnaden, Amphoren und ein Teehaus spiegeln, das von steinernen Löwen bewacht wird. Als Mr Bryce 1917 das Geld ausging, war Ilnacullin zum Glück vollendet. Der Garten musste nur noch wachsen und in Schach gehalten werden. Seit 1953 steht er allen Besuchern offen.

Auch die Gartentore von Bantry House sind seit Jahrzehnten für weniger begünstigte Pflanzenfans geöffnet, als dies die Nachkommen des ersten Grafen von Bantry sind. Haus und Garten liegen wie eine Perle in der Auster zwischen der Bucht und den schartigen Bergen: ein Herrensitz aus dem 18. Jahrhundert, dessen hohe Räume von perlmuttfarbenem Licht erfüllt sind, eingefasst vom makellosen Grün der Rasenflächen, von Statuen, Balustraden und einem ornamentalen Buchsbaumparterre. Die ansässige Familie Shelswell-White pflegt ein gastfreundliches Haus mit Konzerten, Ausstellungen, Bed & Breakfast und einer Teestube im Ostflügel. Aber auch ihr Unternehmungsgeist konnte in den vergangenen Jahrzehnten nicht verhindern, dass der Garten nahezu unterging. Inzwischen wurde er auch mit EU-Geldern restauriert: neue Bäume, frisch gekieste und mit Buchs gesäumte Wege. Hinter dem Haus erhebt sich wieder das blau schäumende Glyzinienspalier über dem Springbrunnen. Dahinter steigt der Garten über eine Freitreppe hundert Stufen und sieben Terrassen den Berg hinauf. Rhododendren und Azaleen haben sich von ihren angestammten Beeten ins Gebüsch geschlagen. Wenn es zu bunt wird, müssen die Kettensägen angeworfen werden.

Mr Annesley auf Annes Grove käme es nie in den Sinn, seine Schönen, die er auch »die Chorus Girls« nennt, hart anzufassen. Wenn er leicht einwärts gedrehten Schrittes durch die romantisch verwuschelte Anlage tigert, ein älterer Herr im braunen Cordjackett mit weißem Einstecktuch, und dabei über die Rücksichtslosigkeit von Frauen im Garten spricht, berührt er zugleich mit zarter Hand die Blüten seiner Rhododendren. »Männer haben Spaten, Frauen Scheren«, sagt Patrick Annesley mit leise röhrender Stimme, die seine vornehme anglo-irische Herkunft verrät. »Männer bekommen sentimentale Anwandlungen, wenn es um alte Pflanzen geht.« Kaum verwunderlich; es war sein Großvater, der um 1900 eine Expedition mitfinanzierte, die im Himalaya Pflanzen »jagte«. Einige der Rhododendren sind Nachkommen des Beuteguts; imposante, füllige Erscheinungen in unvorsichtigen Farben, die den Hang hinunter bis ins Tal des Flüsschens Awbeg wallen, das sich unter dichtem Grün seinen Weg sucht. Die meisten Pflanzen haben ihre ganze Kraft in die aufgerüschten Blüten gesteckt, aber »die rosafarbenen amerikanischer Abstammung duften dazu sehr stark«, sagt Mr Annesley, »so wie amerikanische Witwen, die entsprechend ihrem Umfang duften«.

Der Stolz von Altamont sind ebenfalls Rhododendren. Feilding Lecky Watson, der malariakrank aus Ceylon heimgekehrt war, widmete sich vor hundert Jahren ganz seinem Garten, den er unter den Wellen von Grün vermutete, die gegen das Herrenhaus brandeten. Altamonts Gartengeschichte ist die des ständigen Kampfes gegen den überwältigenden Einkrautungswillen der Natur: der Seerosenteich, den hundert Männer mit Spaten aushoben, die Granitstufen zum River Slaney hinunter, die sie in den Wald rammten, das Roden und Pflanzen: Eichen, Mammutbäume, Magnolien, Taschentuchbäume, Hortensien, Tausende von Schneeglöckchen und immer wieder Rhododendren. Lecky Watsons Tochter Corona – benannt nach einer roséroten Art – übernahm nach dem Zweiten Weltkrieg Spaten und Schere und verschwand im Unterholz. Ihr Mann musste sie abends mit dem Waldhorn zum Essen rufen.

Die Gärtnerin starb 1999, aber ihre Hand ist noch überall spürbar; in der Ordnung von über hundert Jahre alten zu Zapfen geschorenen Eiben, die sich wie dunkle Wächter vom Haus bis zum Seerosenteich reihen. Am See unter der Sumpfzypresse steht die Bank, von der sie ihre gebändigte Wildnis betrachtete, die sich im stillen Wasser spiegelt.

Irlands romantischster Garten ist jedoch Mount Usher im Tal des Vartry; so jedenfalls hat das Magazin *Gardeners' World* der BBC 2010 entschieden. Manchmal dauert es eben 150 Jahre, bis *champion trees*, Rekordbäume aus aller Welt – Scheinulmen und Südbuchen aus Chile und Neuseeland, Eukalyptus, Palmen und das Nadelgebirge der Montezuma-Kiefer –, auf ein majestätisches Maß herangewachsen sind. Madelaine Jay, die Mount Usher vor dreißig Jahren gekauft hat, ist 89 Jahre alt und spaziert fast täglich unter den Wipfeln der Bäume und am Ufer des Vartry entlang, in dem Stufen das Wasser zum Klingen bringen. Im Frühjahr wogen in den Hainen Narzissen, Schachbrettblumen und Hasenglöckchen, im Herbst brennen die Farben von Ahorn und Goldlärche Löcher in die Luft.

Obergärtner Sean Heffernan, botanisch ebenfalls leicht entflammbar, verbindet mit Mount Usher ein geradezu erotisches Verhältnis. Wenn er durch den Garten führt, scheinen die Regentropfen auf ihm zu verdampfen. Sind die Azaleen nicht *outrageous* – unerhört – in ihrem Zusammenspiel von Himbeerrot, Gelb, Violett und Orange? Dazu im Hintergrund etwas lodernder *Acer palmatum!* »*I love it!*« Und der Regen? Der ist gleich vorbei; schon schwebt heller Dunst in der Luft. In Irland nennt man diese Wetterlage auch flüssigen Sonnenschein. Pflanzen lieben ihn; Gärtner auch. ■

MERIAN | INFO

Altamont Garden
(E 5) bei Tullow
ganzjährig geöffnet
www.altamontgarden.com

Annes Grove
(C 6) bei Castletownroche
geöffnet von Ostern bis September
www.annesgrovegardens.com

Bantry House and Garden
(B 7) Bantry Bay
geöffnet 15. März bis 31. Oktober
www.bantryhouse.com

Ilnacullin (auch Garnish Island)
(B 7) County Cork, geöffnet 1. März bis 31. Oktober, Boot von Glengarriff
www.cork-guide.ie/garnish.htm

Mount Usher Gardens
(E 5) bei Ashford
geöffnet 27. Februar bis 31. Oktober
www.mountushergardens.ie

Wo Irland still erblüht

Fuchsien und Hagedorn, Orchideenwiesen und verträumte Seen leuchten im Land der Elfen. Die naturbelassenen Landschaften und kunstvollen Gärten sind kaum besucht und umso eindrucksvoller

Glenveagh: Der ehemalige Privatbesitz ist heute der größte Nationalpark

Willst du ein paar Stunden glücklich sein, gönne dir einen Rausch. Willst du dein Leben lang glücklich sein, gönne dir einen Garten.
Irische Gärtnerweisheit

Die grüne Insel grünt an allen Ecken und Enden. Im **Sir Thomas und Lady Dixon Park (F 2)** in Belfast sind die Rosengärten vom breiten und glasklaren Fluss Lagan umgeben, die **Tullynally Gardens (D 4)** (County Westmeath) bezaubern mit Zierteichen, in denen stolze Schwäne treiben. Das am Ostufer des Strangford Lough (County Down) gelegene **Mount Stewart House (F 2)** verfügt über eine der üppigsten Gartenanlagen Westeuropas. Über 31 Hektar Anlagen, Terrassen, Pergolen, Pavillons, Waldgebiete und Wassergärten erstrecken sich rund um einen ausgedehnten See. **Benvarden (E 1)** (County Antrim) wurde in den 1630er Jahren an den Gestaden des Bush River errichtet. Das Gut hat die Zeit genutzt, heute sieht man Rosenbeete, einen gut bestückten Küchengarten und einen viktorianischen Forstteich.

Das County Wicklow gilt als die eigentliche Gartenlandschaft der Insel. Die **Powerscourt Gardens (E 5)** beherbergen eines der größten Arrangements von Zierbäumen und -pflanzen in Europa. Mammutbäume und seltene Kastaniengewächse buhlen zwischen Azaleen, Magnolien und Rhododendren um die besten Plätze.

Wicklow Gardens Festival (E 5) In Wicklow öffnen *plantaholics* ihre Gärten für Reisegruppen, Pflanzenliebhaber und Botaniker aus aller Welt. Einst brachten Land- und Schlossherren exotische Raritäten aus fernen Gegenden, heute finden sich Oasen der Gartenlust auch in den Refugien privater Gartenfreunde. In beiden Fällen geben die Gärtner freudig Auskunft über die Geheimnisse ihrer privaten Reiche. Jede Frage ist erwünscht, nur Blumenpflücken ist gefürchtet.
Die 32 Gärten des Wicklow Gardens Festival sind bis 30. September zu besichtigen. Manche täglich, andere auf telefonische Verabredung. Die Eintrittsgelder (meist für wohltätige Zwecke) variieren. www.visitwicklow.ie/gardens

NATIONALPARKS IN IRLAND
Auf der Insel gibt es sechs Nationalparks, sie liegen alle in der Republik.

Killarney National Park *4300 Hektar* **(B 6)** Die Eichenwälder von Killarney sind die letzten Relikte der Wälder, die einst einen großen Teil der Insel bedeckten. Anders als im Rest Irlands stammt das hiesige Rotwild von der ursprünglichen Population der Insel ab. – Besucherzentrum mit audiovisueller Schau, im Sommer gibt es drei weitere Infostationen.
The Burren National Park *1673 Hektar* **(B 5)** Der Kalksteinrücken zwischen Galway und den Cliffs of Moher wirkt kahl. Wer genauer hinschaut, findet Pflanzen in den Felsspalten, wo Erde und Humus vor dem Wind geschützt sind.
Connemara National Park *2957 Hektar* **(B 4)** Er erstreckt sich von der Küste bei Letterfrack bis zur Bergkette der Twelve Bens. Sumpf- und Heidelandschaften, Wanderer treffen häufig auf die heimischen Connemara-Ponys. Führungen mit Rangern in der Sommersaison.
Glenveagh National Park *16 548 Hektar* **(D 1)** Granitfelsen, auf denen sich eine abwechslungsreiche Szenerie aus Wäldern und Sümpfen entwickelt hat. – Beim Informationszentrum müssen die Besucher ihre Autos abstellen. Busse bringen Gäste nach Glenveagh Castle.
Wicklow Mountains National Park *15 917 Hektar* **(E 5)** Kern des Parks waren das Tal und die Seen von Glendalough, einer der besterhaltenen Klostersiedlungen aus dem 6. Jh. Später kamen Waldgebiete und Bergregionen hinzu, darunter das Moor, in dem der River Liffey entspringt.
Ballycroy National Park *11 837 Hektar* **(B 3)** Flüsse, Klippen und Moore prägen die Landschaft. Hier trifft man häufig auf Ornithologen, denn das Gebiet wird von seltenen Zugvogelarten als Zwischenstopp geschätzt. Der jüngste Nationalpark hat noch kein Besucherzentrum.
www.heritageireland.ie

Die meisten Landhäuser liegen in schönster Natur. Die Delphi Lodge, an fischreichen Gewässern, wird von den höchsten Bergen Connemaras gesäumt

LANDLUST

UND LUXUS

Hunderte alter Herrenhäuser zieren Irlands Täler, Seen und Küsten. Viele sind heute stilvolle und gemütliche Landhotels. MERIAN hat die schönsten von ihnen besucht

FOTOS **KLAUS BOSSEMEYER**

Gespeist wird gemeinsam. Am Kopf der Tafel darf sitzen, wer am Tag den größten Fisch geangelt hat

DELPHI LODGE

Im Jagdschloss des Marquis trifft man sich wie unter Freunden

Das Anwesen, das Peter Mantle vorfand, war ziemlich heruntergekommen, aber immerhin das einstige Jagdschlösschen des Marquis of Sligo. Die mit der Liegenschaft verbundenen Fischereirechte waren es dann, die den begeisterten Angler nicht widerstehen ließen.

Das ist 25 Jahre her. Mantle, der seinen Beruf als Wirtschaftsjournalist an den Nagel hängte, ist heute Besitzer der sorgsam restaurierten und stilvoll ausgestatteten »Delphi Lodge« nahe der Atlantikbucht Killary Harbour.

Das Landhaus ist kein Hotel, es gibt weder einen Room Service noch eine Speisekarte, der Gast soll sich wie ein befreundeter Besucher fühlen. Und das tut er auch: abends, beim vorzüglichen Essen, oft mit dem Hausherrn an der gemeinsamen Tafel, beim Wein aus dem bestens sortierten Keller, im Billardraum oder in der Bibliothek.

Das Schlösschen aus den 1830er Jahren hat zwölf Zimmer, und auf dem riesigen Grundstück verteilen sich fünf idyllische Cottages. Die meisten Gäste

Zu prächtig, um verspeist zu werden: Dieser präparierte Atlantik-Wildlachs wog 17 Pfund

Blaues Auge zwischen Bergen: Finlough, das beste Lachsgewässer der Lodge

Peter Mantle kam vor einem Vierteljahrhundert als Hobbyangler nach Connemara

bleiben eine Woche, es sind vor allem Petrijünger, die mit ihren Fliegenruten auf wilden Atlantiklachs gehen und Seeforelle am Fjord, auf Bachforelle an den klaren Gebirgsbächen und Seen. Für Anfänger werden Angelkurse angeboten.

Wer nicht am und im Wasser steht, kann die unberührte Landschaft auf Bergtouren erkunden oder in der Nähe Golf spielen und reiten.
(B 4) Leenane, Tel. 095 42296
www.delphilodge.ie

DUNBRODY COUNTRY HOUSE HOTEL

Ein georgianischer Herrensitz, entstaubt und mit Stil in die Gegenwart geführt

Die gediegene Ausstattung des 19. Jahrhunderts trifft auf frische Farben und helles Licht, und das angenehme Klima des irischen Südens verstärkt das Wohlgefühl in diesem Landhaus, das zwischen Spa und Bar für die Verwöhnung von Körper und Seele steht. Hoch gepriesen wird, was der Hausherr und Koch im »Harvest Room Restaurant« servieren lässt. Als einer der Spitzenköche und TV-Küchenmeister Irlands gibt Kevin Dundon in der Dunbrody Cookery School Kochseminare für Amateure und Profis.
(D 6) Arthurstown, Tel. 051 389600
www.dunbrodyhouse.com

ABBEYGLEN CASTLE HOTEL

Ein Schloss an der Himmelsstraße mit Panoramablick auf Stadt, Land und Meer

Sky Road heißt die Straße vom Meer herauf, und der Blick hinunter auf Clifden und die Bucht ist phantastisch. Selbst der ultimative Großstadt-Aficionado Woody Allen sei tief beeindruckt gewesen, erzählt Hotelchef Paul Hughes. Natürlich auch vom Hotel selbst. Es gibt Superior-Zimmer mit Kamin und Himmelbett, Jacuzzi, ein erstklassiges Restaurant, Tennisplätze und einen persönlichen Service. Reiten und golfen kann man in der Nähe.
(B 4) Clifden, Tel. 095 21201
www.abbeyglen.ie

SANDHOUSE HOTEL

Vom Frühstück in die Wogen der Donegal-Bucht

Wellenreiter sind seit langem Stammgäste in dem Vier-Sterne-Haus mit Spa, das sich aus einem kleinen Familienhotel entwickelte. Familiär ist die Atmosphäre geblieben. Die weitläufigen Strände der Bucht von Donegal beginnen gleich vor der Tür.
(D 2) Rossnowlagh, Tel. 071 9851777
www.sandhouse-hotel.ie

Klein, aber immer feiner

Für viele Irlandreisende ist das B&B noch immer die beliebteste Unterkunft: gemütlich, freundlich, familiär. Und mittlerweile bieten viele Frühstückspensionen fast schon Hotelstandard

Die Angebote gehen in die Zehntausende, auf dem Land, an der See, in den Städten. Wo suchen? Hilfreich sind der 336-Seiten-Katalog »Bed and Breakfast Ireland« (www.bandbireland.com) und »Northern Ireland Accomodation« (www.discovernorthernireland.com). Fünf B&B haben wir herausgesucht.

Die Spitzdachhäuschen hinter grüner Wiese auf dem Weg zum Burren-Nationalpark überraschen erst drinnen: ein B&B mit vier Sternen. Die Gäste übernachten – oder besser: wohnen – in Zwei-, Dreibett- und Familienzimmern zum Teil mit Balkon, in Apartments oder einer Suite mit Whirlpool, Bademäntel, Slipper, Tee- und Kaffeemaschine inklusive. Mit Burren-Räucherlachs, Omelett, Pfannkuchen und frischen Früchten ist das Frühstück opulent. Fällt ein Ausflug aus, spielen die Kinder mit Pony und Esel, die Eltern gehen auf den Tennisplatz. Und abends ins Kaminzimmer oder an die Bar, wenn man nicht noch auf einen Sprung in das Musikstädtchen Doolin möchte.
Ballyvara House
(B 5) Doolin
www.ballyvarahouse.ie
DZ ab 90 Euro

Weiße Villa am Hang mit prächtigem Garten, die auf Gäste wartet. Die genießen dann von oben den Blick auf die Ufer des Lough Erne (Fischen, Wassersport) und die Belmore Mountains. Ein stilles Refugium, Autos sind weit entfernt, muhende Kühe nah. Im lichten Speisesaal mit Terrasse serviert Wirtin Joan Foster Köstlichkeiten, die sie aus Produkten der umliegenden Bauernhöfe zubereitet hat.
Willowbank House
(D 3) Enniskillen
www.willowbankhouse.com
DZ ab 60 £

Ein Platz zum Entspannen: kleine Privatterrasse vor »The Angler's Return«

Eine alte Flachsmühle verwandelte sich in ein mit alten Möbeln, offenen Kaminen, aber modernem Komfort ausgestattetes Bed & Breakfast. Es gibt sechs Zimmer. »The Mill« liegt im Nordwesten von Donegal, der urwüchsigsten Gegend Irlands. Ein einsames Paradies für Wanderer, Reiter, Fischer und Wassersportler. Susan Alcorn richtet in ihrem kleinen Restaurant innovative Mahlzeiten her. Und bietet, was man hier weniger erwartet: einen perfekten Beauty Service.
The Mill Restaurant
(D 1) Dunfanaghy
www.themillrestaurant.com
DZ 100 €

Zwischen Bergen und Seen, oberhalb des Ballinahinch River, schmiegt sich dieses charmante Gasthaus in die Landschaft Connemaras. Es ist umgeben von Wald und hübschen, wilden Gärten mit verschlungenen, azaleengesäumten Pfaden. Die Herberge aus dem 18. Jahrhundert mit weiß getünchten Wänden und hölzernen Böden, einst ein Fischerhaus, nimmt höchstens zehn Gäste auf, und die sollten schon drei Tage bleiben. Mit Angeln, Wandern und Golfen vergeht die Zeit schnell.
The Angler's Return
(B 4) Toombeola, Roundstone
www.anglersreturn.com
DZ ab 90 €

Der erste Blick nach dem Erwachen geht auf den Atlantik, aus allen vier Zimmern dieses kleinen, rustikalen Hauses im Herzen des Burren. Hausherr Pat McNamara ist Gärtner, fotografiert begeistert die exotische Pflanzenwelt und weiß viel darüber zu erzählen. Der Wanderweg »Burren Way« ist nur wenige Kilometer entfernt, ebenso die Fähren zu den Aran-Inseln. Das liebenswerte »Orchid House« ist ein idealer Zwischenstopp.
Orchid House
(B 4/5) Fanore, www.orchidhouse.net
DZ 65-70 €

Von Whiskey und Geistern

Blend oder Single Malt, rauchig oder mild: Am Geschmack des »Lebenswassers« scheiden sich die Geister. Jahrhundertelang hatten die Schotten mit torfigen Bränden die Nase vorn, doch Irlands Destillerien holen auf. Ihr Erfolgsrezept: sanfte Stärke

TEXT **STEFAN KRÜCKEN** FOTOS **PHILIP KOSCHEL**

Locke's Distillery in Kilbeggan ist die älteste Destillerie der Welt. Küfermeister John Neilly fügt alte Dauben zu neuen Eichenfässern zusammen, die innen ausgekohlt werden. Darin wird der Whiskey jahrelang reifen

»Whiskey ist flüssiges Sonnenlicht.«

George Bernard Shaw

Zum ersten Mal sah Bernadette Quinn das Gespenst in einer kalten Winternacht des Jahres 1975. Der Geist sah freundlich aus und gepflegt, trug eine Krawatte und einen Anzug, der, das fiel Mrs Quinn sofort ins Auge, altmodisch geschnitten war. Ein Mann mittleren Alters, der neben ihrem Bett auf und ab schritt. Sein Schnurrbart war struppig und markant, mit nach oben gedrehten Enden, und an diesem Gesichtswuchs erkannte sie ihn später auf einer alten Fotografie wieder. »Der Geist heißt James Harvey Locke. Ihm gehörte die Destillerie um das Jahr 1900«, berichtet Mrs Quinn. Weil sie spürt, dass eine Unterhaltung über einen schnurrbärtigen Geist namens James ein gewisses Maß an Skepsis erzeugt, erkundigt sie sich: »Sie glauben mir doch, oder?«

Mrs Quinn ist eine resolute, ältere Dame, die einen eleganten Hosenanzug trägt und deren Gesichtszüge von aristokratischer Strenge sind. Man wagt es nicht recht, ehrlich zu antworten. Zumindest, Mrs Quinn, gibt es keinen besseren Ort, an dem man an Gespenster glauben kann, als die Destillerie von Kilbeggan im County Westmeath. Ein dunkles Gemäuer, in dem es unheimlich knackt und knistert, und sobald der Wind um die Ecken heult, könnte man hier einen Gruselfilm drehen, ohne an der Kulisse arbeiten zu müssen. Phantasieanregend ist auch der Geist, der hier gebrannt wird, schon seit dem Jahre 1757, was die Brennerei von Kilbeggan zu einem besonderen Ort macht: Es ist die älteste Whiskeydestillerie der Welt.

In riesigen Kupferkesseln wird der Whiskey nach der Gärung dreimal destilliert

1

1 Prozent-Probe: Hugh Gaynor überprüft den jahrelang gelagerten Whiskey auf seinen Alkoholgehalt, ehe der edle Brand in Flaschen abgefüllt wird
2 Am Spirituosenschrein: Mark Meehan (l.) ist Experte für das Maischen, Liam O'Keeffe für die Destillation
3 Große Reserven: Fässer für das »Wasser des Lebens«

2

3

Dass sie noch existiert und heute sogar wieder in Betrieb ist, ist dem Ehepaar Quinn zu verdanken, das die Gebäude inklusive einer Mühle jahrzehntelang ehrenamtlich instand hielt, bis der Spirituosenhersteller Cooley die Brennblasen wieder in Gang setzte. Wegen ihrer Hingabe an das alte Gebäude im Dorf hielt Mrs Quinn regelmäßige Besuche der anderen Art aus, die ihr, wie sie betont, auch ein TV-erprobter Geisterjäger aus England bestätigte. Mehrere Gäste, die sie besuchten, sahen das Gespenst mit dem Oberlippenbart. Und auch als das neue Museum eingeweiht wurde, in dem man alles über die Entstehung des *uisce beatha* erfährt, des »Wassers des Lebens«, wie der Whiskey auf Irisch heißt, tapste eine übersinnliche Figur durchs Gebäude. Vermutlich aber nicht James Harvey, sondern eine Lady, aber das ist eine andere Geschichte.

Eine Visite in Kilbeggan gehört zu den Höhepunkten des »Ireland Whiskey Trail«, einer Route, die tief hinein führt in die Seele der Insel. Es liegen nicht nur Destillerien am Wegesrand, sondern auch Pubs und Hotels (siehe S. 95), was damit zu tun hat, dass nur wenige Brennereien in Betrieb sind. Mit den Nachbarn auf der anderen Seite der Irischen See streitet man sich traditionell über Fragen des Geschmacks: Whiskey (Irland) oder Whisky (Schottland)? Eher mild (Irland) oder lieber rauchig? Und wer hat das flüssige Gold eigentlich erfunden: irische Mönche? Oder gilt das älteste überlieferte Schriftstück (ausgerechnet: Steuerunterlagen), das die Schotten für sich reklamieren, datierend aus dem Jahr des Herrn 1494?

Während Schottlands Malts seit vielen Jahren als Inbegriff von Stil und gepflegtem Genuss gelten, durchlebte Irlands Whiskey zahlreiche Krisen; Anfang der 1980er Jahre waren auf der ganzen Insel nur noch zwei Brennereien aktiv. Heute indes sind Marken wie »Jameson«, »Tullamore Dew« oder »Bushmills« aus keiner halbwegs gut sortierten Bar (und vielen Supermarktregalen) wegzudenken, und die Brennmeister von Cooley sorgen mit Bränden wie dem »Connemara« für Furore, der die Rauchigkeit eines schottischen Single Malt mit der milden Note eines irischen Blend vereint. Irlands Whiskey erlebt derzeit eine Renaissance.

1 Probefläschchen aus der Brennerei von Kilbeggan mit dem ersten Destillat 2 Die wohl größte Sammlung seltener und dennoch bezahlbarer Whiskeys hat der Pub »Duke of York« im nordirischen Belfast

Was man auch als Gast eines jeden Pubs bemerkt. »Selbst die jungen Leute trinken wieder Whiskey«, berichtet Paul Bell, 41, ein Wirt mit gemütlichem Bauch, der im Dienst Krawatte trägt. Sein Pub »The Brewery Tap«, unsere nächste Station auf dem »Ireland Whiskey Trail«, ist so etwas wie das Wohnzimmer von Tullamore.

Ein Ort mit einem in der Whiskeywelt berühmten Namen, doch die Destillerie »Tullamore Dew« ist vor mehr als 50 Jahren fortgezogen. Pubbesitzer Bell, der an manchen Abenden Irlands Ministerpräsidenten Brian Cowen an seinem Stammplatz begrüßt, hofft darauf, dass an den Gerüchten, die von einer Wiedereröffnung berichten, etwas dran ist. Auf seinem Tresen steht eine Flasche »Dew« von 1957, die er vor einiger Zeit für 500 Euro auf einer Auktion ersteigerte. Wie der Inhalt wohl schmeckt? Bell hat sich dies auch schon oft gefragt, aber »traut sich nicht«, den Korken abzuziehen. »Am Tag, wenn ich hier aufhöre, ist es so weit«, sagt Bell.

Was meint, dass die Flasche noch viele Jahre ihr Geheimnis bewahren wird, denn der Besuch eines Pubs gehört für einen echten Iren, und hier stimmt das Klischee, zum Alltag. Ein Pub ist mehr als eine Kneipe, er ist Marktplatz, Tankstelle, eine Schmiede der Solidarität, und das Gebot, dass vor Gericht und vor Gott alle gleich seien, sollte um einen Zusatz erweitert werden. Neben einem Pint Guinness gehört für viele ein Glas »Redbreast« zur perfekten Abendgestaltung, aber für Gäste, die aus der Getränkekarte »George W. Bush« bestellen, hat Sean Ward, der Betreiber des »Fisherman's Thatched Pub«, eine Überraschung parat. Hier, nahe dem Grand Canal an einer Weggabelung in der flachen Weite des County Laois, berichtet Ward, 69, ein Mann mit kahlem Schädel und markanter Nase: »Die bekommen einen chinesischen Whisky, schmeckt wie Katzenpisse, ganz furchtbar.« Er grinst zufrieden, denn das ist seine Botschaft an jene, die mit dem amerikanischen Ex-Präsidenten etwas anfangen können.

Mr Ward ist, wie es sich für einen richtigen Wirt gehört, jemand, der gern Storys erzählt. Wenn man ihm glaubt, rastete im »Fisherman's Thatched« schon Sankt Patrick auf dem Weg nach Dublin, wo er in der Wardschen Interpretation der Geschichte die Guinness-Brauerei gründete. Das ist natürlich Unfug (der heilige Patrick lebte im fünften Jahrhundert, Guinness wurde 1759 gegründet). Wahr aber ist, dass »Fisherman's Thatched«, ein enger, gemütlicher, plüschiger und herrlich altmodischer Pub, bereits im 17. Jahrhundert öffnete. »Wir verkaufen keine Getränke, wir schenken Erinnerungen«, erklärt Ward seine Philosophie. Fernseher gibt es nicht in seinem Pub, dafür aber eine Whiskeykollektion, die keine Fragen offen lässt.

Jeden Dienstagabend trifft man sich zum Musizieren, und jeder, der das Glück hat, sich in die Abgeschiedenheit des County Laois zu verirren, wird es nicht vergessen. Wenn das Kaminfeuer lodert, jemand Geige spielt, ein anderer dazu singt, wenn das Guinness fließt und der Whiskey golden in den Gläsern schimmert, wenn alles ein warmes Wabern und Lachen und Fröhlichsein ist, kommt man dem Geist Irlands wirklich nahe. Zum Thema Gespenster hat Sean Ward natürlich auch etwas zu bieten. »In unserem Pub gibt es einen Geist«, verrät er und fügt an, »wir haben ihn auch fotografiert!« Er verschwindet in einem Nebenzimmer und kommt mit einigen Fotos zurück, die er sogar hinter Glas gesteckt hat. Er tippt mit seinem Zeigefinger drauf. »Hier, das ist der Geist. Unglaublich, oder?«

Was auf dem Foto zu sehen ist, sieht verdächtig nach einer mißratenen Langzeitbelichtung aus. Ward scheint diese Ansicht nicht zu irritieren. »Dafür bekommst du eine Irische Autobombe«, ruft er vergnügt. Eine »Irische Autobombe« meint ein Pint Guinness, in dem ein Schnapsglas Baileys versenkt wurde, eine verheerende Mischung, die Ward mit einem Whiskey aus Kilbeggan serviert. Nebenan spielt der nächste Musikant ein Lied auf der Gitarre, der ganze Pub singt, Ward hebt sein Glas. Es wird Zeit, Gespenster zu sehen. ■

Auf der Route der Genießer

Irische Gastfreundschaft ist so ganz ohne Whiskey nicht vorstellbar. Aber an welcher Bar, vor welch knisterndem Kaminfeuer möchte man ihn am liebsten genießen? Der »Ireland Whiskey Trail« hat die besten Adressen zwischen Kinsale, Dublin und Sligo zusammengestellt. Hier eine Auswahl

Der »Ireland Whiskey Trail« ist eine Route für Whiskeyliebhaber, eine Traumstrecke quer über die Insel, an der die besten Destillerien, Pubs, aber auch Hotels und Restaurants zu finden sind. Ersonnen hat diese Tour die Whiskeyexpertin Heidi Donelon, der die Idee beim Wandern in den Hügeln von Kerry kam. Mehr als 18 Monate lang reiste sie übers Land, um die besten Adressen zu finden.
www.irelandwhiskeytrail.com

Draußen Laternen, drinnen Kaminfeuer: »The Brewery Tap« in Tullamore

ÜBER NACHT

Brooks Hotel Ein heimeliges, altes Haus, plüschig, aber nicht altmodisch, elegant, ohne zu schick zu sein. Die »Jasmine Bar« bietet mehr als 100 Whiskeys an – und »Francesca's Restaurant« irische Küche vom Feinsten.
(d 3) Dublin, 59-63 Drury Street
Tel. 01 6704000
www.sinnotthotels.com

Hayfield Manor Hotel Hier wird ein Aufenthalt zur Zeitreise in die Epoche von W. B. Yeats. Die Hotelbar bietet alles, was ein Whiskeyfreund sich wünscht; das Restaurant: exzellent.
(C 7) Cork, Perrott Avenue/College Road
Tel. 021 4845900
www.hayfieldmanor.ie

The Heritage Golf & Spa Resort Auf einem weitläufigen Golfgelände. Großzügige Zimmer, viel Marmor, viel Chrom, exzellente Küche; an der Bar gibt es alle Abfüllungen, die man aus Irland kennen muss.
(D 5) Killenard, Co. Laois
Tel. 057 8645500, www.theheritage.com

PUBS

The Brewery Tap »Gebt jedem Mann seinen Dew«, steht über dem Eingang. Ein Rat, den Inhaber Paul Bell beherzigt. Liebhaber des »Tullamore Dew« finden hier seltene Abfüllungen.
(D 4) Tullamore, Co. Offaly
O'Connor Square, Tel. 057 9321131
www.brewerytap.com

Duke of York Nicht auf dem »Whiskey Trail«, aber die erste Adresse für jeden, der in Belfast seinen Weg zum irischen Lebenswasser finden möchte.
(F 2) Belfast, 3-11 Commercial Court
Tel. 028 90241062

The Fisherman's Thatched Inn Urtyp des irischen Pubs, seine Geschichte reicht bis ins 17. Jh. zurück. Jeden Dienstagabend trifft man sich zum whiskeybefeuerten Musizieren. Besitzer Sean Ward, ein Unikat wie die Kneipe, ist ein grandioser Geschichtenerzähler. Hier steht die Zeit still.
(D 5) Fisherstown, Ballybrittas, Co. Laois
Tel. 057 8626488
www.the-fishermans.com

Mooney's Pub Ein Dienstleistungsangebot für alle Lebenslagen: vorn ein Tante-Emma-Laden, in der Mitte die Kneipe – und hinten ein Bestattungsunternehmen!
(D 5) Monasterevin, Co. Kildare
Main Street, Tel. 045 525360

The Palace Bar Gemütlich und traditionsreich. Mehr als 60 irische Whiskeys.
(d 3) Dublin, 21 Fleet Street
Tel. 01 6717388

The Temple Bar siehe S. 42

BESICHTIGEN

Locke's Old Kilbeggan Distillery In dem liebevoll restaurierten Gemäuer kann man jeden Produktionsschritt beobachten. Shop, Bar und Restaurant.
(D 4) Kilbeggan, Co. Westmeath
Lower Main Street, Tel. 057 9332134
www.lockesdistillerymuseum.ie

The Old Jameson Distillery Einst die vielleicht berühmteste irische Destillerie, heute Museum mit Schaubrennerei.
(c 2) Dublin, 7 Bow Street
Tel. 01 8072355

Die großen Lettern (C 7) beziehen sich auf die MERIAN-Karte auf S. 134, die kleinen (d 1) auf den Dublin-Stadtplan auf S. 133

Kleine Heimat

im Atlantik

Wild und einsam sind die Inseln vor Irlands Küste. MERIAN hat die fünf schönsten besucht und traf Männer, die im rauen Meer zu Hause sind. König, Dichter oder Hummerfischer – für jeden ist sein Eiland das schönste TEXT **TIBOR M. RIDEGH** FOTOS **KLAUS BOSSEMEYER**

igensinnige Monarchie: Das selbsternannte Königreich Tory hält Abstand zur Republik Irland

Ein Reich für sich Tory Island

150 Einwohner und ein verlassener Leuchtturm. Der Wärter

), seitdem wird das Licht automatisch gesteuert

Patsy Dan Rodgers, der König von Tory

»Anders als die Monarchen im benachbarten Europa bin ich ein vom Volk frei gewählter König.«

Die hoheitlichen Pflichten Seiner Majestät des Königs werden täglich vom Fahrplan der Fähre bestimmt. Für Patsaí Dan Mac Ruairí (anglisiert: Patsy Dan Rodgers) ist es selbstverständlich, alle Besucher der Insel Tory persönlich zu begrüßen. Wenn er mal eine Schiffsankunft verpasst, ist die Chance einer Begegnung mit ihm aber noch nicht vertan. Man trifft den König am Wochenende im Pub, wo er für seine Untertanen Akkordeon spielt, oder in Dixon's Art Gallery, wo einige seiner naiven Gemälde ausgestellt sind. Seit den fünfziger Jahren gibt es auf Tory eine kleine, aber rührige Kolonie »primitiver« Künstler, nachdem einheimische Fischer zur Farbpalette griffen.

Die Sympathie der etwa 150 Bewohner von Tory für ihren gewählten Monarchen und die naive Kunst, der Stolz auf eine mehrtausendjährige Siedlungsgeschichte und auf die Mythen der Insel sind enorm. Das hatten die hinter dem Meer sitzenden Verwaltungsfunktionäre einfach vergessen, als sie die Insulaner in den 1970er Jahren aufs mehr als zwölf Kilometer entfernte Festland umsiedeln wollten. Der Widerstand war so massiv, dass man schnell wieder die Finger davon ließ und Tory stattdessen endlich ein bisschen Infrastruktur bescherte.

Die wenigen Sehenswürdigkeiten, ein runder frühmittelalterlicher Schutzturm, zwei Kirchenruinen und ein steinernes Hochkreuz in der seltenen T-Form (Taukreuz), befinden sich gleich am Hafen, die Basstölpel, Sturmvögel und Papageitaucher im klippenreichen Osten von Tory. Das eigentliche Inselerlebnis aber sind die Insulaner selbst mit ihrer gälischen Lebensart. Man muss den Leuten von Tory nur zuhören, mehr über das alte Irland kann man gar nicht erfahren.
http://patsydanrodgers.littleireland.ie/KingofTory.htm
www.littleireland.ie/toryisland, MERIAN-Karte S. 134 (D 1)

Perle im Norden Inishbofin

Standhaft: Die alten Mauern haben kriegerische Zeiten

Brian Hughes, Wanderführer

»Die Inseln vor Connemara sind der letzte Garten aus Abenteuer und Mystik.«

Brian Hughes lädt zum Picknick. Vor einer Grotte am Strand von Inishbofin packt er Köstliches aus: Wildlachs, Sandwiches mit frisch gefangenen Garnelen, Champagner, Guinness und Erdbeeren zum Nachtisch. Und dann erzählt er von Don Bosco, einem spanischen Piraten, und der mächtigen irischen Clan-Chefin Grace O'Malley, die im 16. Jahrhundert vor der Küste Connemaras Handelsschiffe plünderten: »Die Piratenkönigin ließ den Naturhafen hier einfach mit einer Kette sperren, und dann war Wegzoll fällig, aber mindestens.«

Brian führt fünftägige Wandertouren seiner »Connemara Safari« über vier Inseln. Die erste ist Inishbofin. Schon von fern kann man auf See die Umrisse von »Cromwell's Barracks« ausmachen. Der puritanische englische Revolutionär ließ 1656 auf den Ruinen von Don Boscos Burg ein Fort errichten und dort katholische irische Priester einkerkern.

Der Umgang mit Menschen vom Festland ist heute sehr viel freundlicher. Gern zeigt man ihnen die *curraghs*, die alten keltischen Boote. Ihre Holzkonstruktion ist mit Leinwand, früher mit Tierhäuten, bespannt und geteert. Fischer benutzen die leichtgängigen Wassergefährte bis heute, und Brian lädt seine Gäste bei ruhiger See zu einem kurzen Ausflugstörn mit dem *curragh* ein. Danach geht es weiter durch Gräser und Moos der bergigen Insel, deren Klippen jäh in den Atlantik abstürzen. Im Wasser von höchstens 13 Grad Wärme mögen sich die dicht vor der Küste in zwei Kolonien siedelnden Seehunde wohlfühlen, aber nur wenige badelustige Gäste – trotz der verlockenden Strände. Wassersportfreunde weichen auf Tauchen, Windsurfen und Hochseefischen aus. Aufwärmen kann man sich in gemütlichen, klangerfüllten Pubs – Inishbofin ist ein Zentrum der traditionellen irischen Musik.

www.inishbofin.com, www.walkingconnemara.com

MERIAN-Karte S. 134 (A 3)

t. Piraten sperrten einst den Zugang zur Insel

Er war begeistert, als er ein Alpenkrähen-Paar entdeckte, das zwischen den Klippen seine Küken großzog. Das gelang 2007 auf Rathlin erstmals seit 18 Jahren, und es war in ganz Nordirland der einzige Nachwuchs von *Pyrrhocorax pyrrhocorax.* Liam McFaul ist Vogelwart der Royal Society for the Protection of Birds (RSPB), der größten europäischen Organisation für den Schutz von Wildvögeln.

Für die RSPB ist Rathlin ein äußerst spannender Stützpunkt, die Insel beherbergt eine der größten Vogelpopulationen Europas. Von Mai bis Juli brüten hier 280 000 Vögel, und viele Felsen sind schneeweiß. Während die Vorfahren von Liam McFaul die Vogeleier gesammelt haben, schützt der Nachkomme heute die Brut. »Als Kind beobachtete ich einmal einen am Himmel tanzenden Alpenkrähen-Schwarm«, erinnert er sich. »Die verblüffenden Possen dieser intelligenten und geselligen Vögel an einem der windigsten Tage des Jahres faszinierten mich. Vielleicht bin ich deswegen hier RSPB-Wart geworden.«

Eissturmvogel, Papageitaucher, Dreizehenmöwe, Tordalk und Kiebitz sind die Stars auf einer Vogelbeobachtungstour. Ein Minibus bringt Besucher zum neuen Seabird Centre. Er fährt am Hafen von Church Bay ab, wo fast das ganze Jahr über Seehunde faulenzen und sich von Passanten nicht irritieren lassen. Viele Menschen gibt es auf der heidebewachsenen, ungeschminkten Inselschönheit ohnehin nicht, knapp hundert Einwohner zählt sie. Die Gäste, überwiegend Wanderer, Radler, Sporttaucher und Hochseeangler, können zwischen einem Bed & Breakfast, einem Manor House und einem Hostel wählen. Für die Vogelsaison von April bis August müssen sie sich rechtzeitig darum kümmern.

www.rathlincommunity.org, www.rspb.org.uk/reserves/guide/r/rathlin

MERIAN-Karte S. 134 (F 1)

Liam McFaul, Vogelwart

»Ich bin mit dem Schreien der Seevögel aufgewachsen. Meine Vorfahren nahmen ihnen noch die Eier weg.«

Ein Muss auf der Insel: Jeder Mann hat sein Boot

Weitsichtig: Liam McFaul beobacht

'aradies der Vögel Rathlin Island

be Papageitaucher

Wildnis im Süden Cape Clear

Island

tverlassen: Diese Kirche ist seit 1693 Ruine

Chuck Kruger, Poet

»Cape Clear Island ist ein Gedicht, das ich jeden Tag, jede Nacht lese. Eine Metapher, die mir stets aufs Neue mein Sein bestätigt.«

Es war einmal ein Einwanderer. Der ließ sich von den Alten der Insel berichten, wie es war, wenn sich abends eine Küche mehr und mehr mit Nachbarn füllte und dann einer anfing zu erzählen, oft bis in die Nacht hinein. Und dass es damit ein Ende hatte, als auch in der letzten Kate von Cape Clear der *one-eyed storyteller* zu flimmern begann.

Chuck Kruger, Poet, Rundfunkautor und Lektor, der hier 1986 ein Cottage als Refugium bezogen hatte, fand das schade. Er forschte der Tradition des gälischen und englischen Geschichtenerzählens nach, fand Kontakt zu professionellen Erzählern in Irland, Britannien und Amerika, und 1994 gelang es ihm, das erste Cape Clear Island International Storytelling Festival zu veranstalten. Seither kommen jährlich am ersten Septemberwochenende einige Hundert Liebhaber der geschliffenen Erzählung, des versponnenen Fabulierens und der theatralischen Darstellung her, genießen entspannt einiges an anderen Kulturangeboten und freuen sich besonders über gute Musik.

Natur- und sportbewegte Fans werden von den 120 Insulanern zum Walking-Talking Weekend (Mai), zur Cape Clear Regatta (August) und zum Bird Watching Festival (Oktober) in den Bed & Breakfasts, im Hostel, auf dem Campingplatz, in Pubs und Restaurants erwartet.

Cape Clear, die südlichste Insel Irlands, liegt am Rand der oft sturmbewegten Roaring Waters Bay. Hier tummeln sich Wale, und die Delfine ziehen den Inselfähren nach. Der Leuchtturm des im Meer gelegenen Fastnet Rock war als *teardrop of Ireland*, Träne Irlands, das letzte Stück Heimat, das irische Auswanderer auf der Schiffsreise nach Amerika erblickten.

www.capeclearisland.com, MERIAN-Karte S. 134 (B 7)

Jack Heanue, Hummerfischer

»Meistens bin ich auf dem Wasser. Wenn ich nicht mit dem Hummerfang beschäftigt bin, steuere ich meine Fähre ›Atlantic Queen‹.«

Das Prachtstück ist etwa sechzig Zentimeter lang und vier Kilogramm schwer, das Scherenpaar beeindruckend. Die meisten Hummer fängt Jack Heanue in den Sommermonaten, im Winter ziehen sich die großen Krustentiere in größere Tiefen der felsenreichen Küste von Inishturk zurück. Damit es aber ein ganzjähriges Angebot gibt, werden die Hummer mit zusammengebundenen Scheren in Lattenkisten aus Holz gehalten. »Diese Behälter werden ins Meerwasser gesenkt und mit markierten Bojen versehen«, sagt Jack Heanue.

Inishturk, wörtlich »Insel der Eber« (vermutlich ein Name aus den Zeiten einstigen Wald- und Wildreichtums), ist eher die Insel der Hummer, und Jack Heanues Familie fängt diese seit Generationen. Natürlich werden in den drei freundlichen Bed & Breakfasts, die auch Hauptmahlzeiten anbieten, neben irischen Lammgerichten immer wieder Krebsscheren mit ihrem zarten Fleisch serviert. Anglern gibt Jack Heanue gern Tipps, an welchen Felsen oder Anlegern mit gutem Fang zu rechnen ist.

Vogelfreunde kommen in den frühen Sommermonaten zu den besten Schnappschüssen, Sonnenanbeter lassen sich an den idyllischen Stränden von Tranaun und Curraun nieder. Hochseefischer finden ein passendes Boot und Taucher Tauchgründe. Wanderer können sich die kleine Insel mühelos erschließen, reizvoll ist der Cliff Walk, nahe dessen Route sich ein mehr als 200 Jahre alter Wachturm – einer von gut 80 »Napoleonischen Signaltürmen« entlang der irischen Küste – 210 Meter über dem Meeresspiegel erhebt. Von hier aus hat man einen schönen Panoramablick auf die See – wer aber Wale beobachten will, der muss sich schon unten am Hafen den Bootsleuten der Insel anvertrauen. ■

www.inishturkisland.com, MERIAN-Karte S. 134 (B 3)

Trockengefallen: Ebbe im Hafen von Inisl

Gut für fette Beute Inishturk

rland sinkt das Wasser um mehr als vier Meter

Ferien an Bord

Unterwegs im eigenen Boot: Auf komfortablen Kabinenkreuzern kann jeder das Kommando übernehmen und auf Shannon, Erne und Barrow die Insel entdecken

Für so manchen Captain ist es die erste Kreuzfahrt. Niemand, der am Anleger von Enniskillen oder Carrick-on-Shannon sein Hausboot übernimmt, braucht nautische Erfahrung, geschweige denn einen Bootsführerschein. Irlands Binnengewässer sind Europas größtes Revier für Freizeitkapitäne. Ein Abenteuerspielplatz ohne Risiko, ideal für alle, die gern selbst das Kommando bei ihrer Kreuzfahrt übernehmen wollen. Eine kurze Einweisung an Bord, ausführliche Karten, und schon legen die Kabinenkreuzer ab. Mit maximal zwölf Kilometer pro Stunde gleiten sie auf den Flüssen Shannon, Erne und Barrow, Seen und Kanälen entlang. Allein die Route über Shannon und Erne zieht sich auf mehr als 750 Kilometern durch die Insel. Frachtverkehr, vor dem man sich in Acht nehmen müsste, gibt es nicht. Der Shannon, Irlands größter Fluss, muss nur geringe Höhenunterschiede bewältigen, die Strömungsgeschwindigkeit ist gering. Deshalb können auch Amateure die acht bis 15 Meter langen Schiffe problemlos navigieren. Im 18. Jahrhundert entstanden zahlreiche Kanäle, die das Inselinnere wirtschaftlich erschließen sollten. Mit dem Siegeszug von Bahn und Auto gerieten diese Wasserstraßen in Vergessenheit, bis man sie als Revier für Freizeitskipper wiederentdeckte. So macht etwa der Grand Canal zwischen Shannon und Dublin den Fluss Barrow im Südosten der Insel für Kabinenkreuzer zugänglich. Eine entscheidende Rolle für das riesige Wasserstraßennetz spielt der Kanal, der die Flüsse Shannon und Erne verbindet. Allerdings entpuppte sich dessen Bau zunächst als Pleite. Kaum war der Kanal nach zwanzig

750 Kilometer Wasserstraße von Limerick bis zu den Seen des Erne im Norden

Jahren Bauzeit 1860 eingeweiht, sorgten die schwierige Entwässerung und Wartung für Probleme. Nur 15 Schiffe passierten in den folgenden zwölf Jahren die neue Wasserstraße, dann wurde der Kanal stillgelegt und für Jahrzehnte vergessen. 1994 erinnerte man sich an ihn, für den Frachttransport war er uninteressant geworden – die Eisenbahn war der Binnenschifffahrt längst überlegen –, aber das touristische Potenzial überzeugte die Verantwortlichen. Mit EU-Mitteln wurde der 62 Kilometer lange Kanal instand gesetzt, dank seiner können Bootsurlauber über den Shannon von

Limerick im Süden bis hoch zu den beiden nordirischen Seen Lower Lough Erne und Upper Lough Erne fahren. Neben den Kabinenkreuzern sind vor allem auf dem Fluss Barrow auch die »River Barges« unterwegs. Sie sind Frachtschiffen nachempfunden, können bis zu 13 Meter lang sein und werden von einem professionellen Kapitän geführt.
Urlaub auf dem Wohnboot bedeutet ein Dahingleiten durch eine ruhige, oft wie unberührte Landschaft. Stockenten, Forellen, Eisvögel und Reiher bevölkern die Flusslandschaft, und das Wasser ist vielerorts so sauber, dass man bedenkenlos im Fluss baden kann. Kostenlos können die Passagiere ihre Kabinenkreuzer an den Stegen der kleinen Städte und Dörfer festmachen. Viele nutzen ihr Boot auch als komfortable schwimmende Basis für einen Aktivurlaub an Land. Sie haben ihre Golfschläger oder Angelruten mit an Bord, steigen auf Surfbretter, satteln an Land die Pferde zum Ausritt oder mieten sich Fahrräder, um Ausflüge zu den Burgen der Umgebung zu unternehmen.

Ruhiger See: ideale Bedingungen für Freizeitkapitäne auf dem Lough Corrib

BOOTSURLAUB

In die Kabinen an Bord der größeren River Barges können sich Reisende einzeln oder paarweise einmieten. Die yachtartigen Kabinenkreuzer werden dagegen von Familien oder Gruppen exklusiv gemietet. Die schnittigen Schiffe sind acht bis 15 Meter lang und bieten je nach Größe bis zu acht Personen Platz, in Ausnahmen auch bis zu zehn Personen. Erfahrungsgemäß sollte man, um ein wenig mehr Raum zu haben, ein Wohnboot mieten, das zwei Schlafplätze mehr hat, als die Gruppe benötigt. Alle Boote sind mit Toilette, Dusche und Küche ausgestattet, auch detaillierte Karten und Handbücher stehen zur Verfügung. Die Navigation ist einfach, das Wasserstraßen-System ist gut markiert, und nach der ersten Schleuse macht auch deren Passage keine Probleme mehr. Es müssen mindestens zwei Personen an Bord sein, eine von ihnen muss 21 Jahre oder älter sein. Alle Boote haben ein Beiboot mit Rudern. Die Boote können am ersten Miettag um 16 Uhr, meist samstags, übernommen werden. Am letzten Tag sollen sie um 9 Uhr morgens wieder im Ausgangshafen abgeliefert werden. Wer mit Auto anreist, kann es am Starthafen kostenlos (auf eigenes Risiko) parken. Für Flugreisende lassen sich meist Transfers vereinbaren. Außer Rasierapparaten können wegen der begrenzten Batteriekraft an Bord keine Elektrogeräte angeschlossen werden.
Auf manchen Abschnitten gelten Tempolimits, generell werden gemächliche Tagesetappen von 30 bis 40 Kilometern empfohlen. Nachtfahrten sind nicht erlaubt, deshalb sollte man abends Anker werfen oder an einem der Uferstege festmachen. Die Angebote der Reiseveranstalter für Bootsurlaub schließen in der Regel die Anreise (per Flug oder Fähre) und die Transfers zu den Marinas mit ein. Meist sind diese Pauschalangebote günstiger als mehrere Buchungen der einzelnen Leistungen. Weitere Informationen:

Irish Boat Rental Association (IBRA)
www.boatholidaysireland.com
Waterways Ireland
Tel. +44 28 66323004 oder
Tel. +353 71 9650787
www.waterwaysireland.org

Inland Waterways Association of Ireland
Tel. +44 28 38325329 oder
Tel. +353 91 589333, www.iwai.ie

STATIONEN AM STROM

Athlone (D4) Bereits 1129 wurde der viel genutzte Flussübergang von Athlone befestigt, im 13. Jh. bauten die Normannen die noch erhaltene Burg. Die heutige Steinbrücke entstand 1844, sechs Jahre später wurde die fotogene Eisenbahnbrücke fertiggestellt.

Carrick-on-Shannon (D3) In der kleinen Hafenstadt mit der steinernen 17-Bogen-Brücke übernehmen viele Urlauber ihre Kabinenkreuzer. Kaum jemand kennt jedoch die »zweitkleinste Kapelle der Welt« (3,6 mal 4,8 Meter), die 1877 erbaute Costello Memorial Chapel. Das Ehepaar Costello ließ dort seine Särge unter einer Glasplatte beisetzen.

Enniskillen (D3) Die nordirische Stadt liegt auf einer Insel, ihre Burg (15. Jh.) kontrollierte einst die Wasserwege durch die Erne-Seen. Das mächtige Kastell wurde später mehrfach umgebaut, heute beherbergt es das Fermanagh County Museum. Samuel Beckett und Oscar Wilde besuchten die heute fast 400 Jahre alte Portora Royal School.

Inis Cealtra (C5) Eine »heilige Insel« mit Klosterruinen aus dem 9. bis 13. Jh., die ein beliebtes Wallfahrtsziel war. Der Garten von St Michael soll Wunderheilungen bewirken, Archäologen haben festgestellt, dass dort früher Babys beigesetzt wurden.

Killaloe (C5) Die kleine Stadt am südlichen Teil des Shannon gilt als Geburtsort des legendären Hochkönigs Brian Ború (926-1014). Im 6. Jh. wurde hier ein Kloster gegründet. Über dessen Grundmauern begann 1185 der Bau der St Flannan's Cathedral, die den Übergang von der Romanik zur Gotik zeigt.

Shannonbridge (D4) Die Brücke von 1757 ist eine der wenigen am Fluss, die im 19. Jh. nicht umgebaut wurden. An dem Übergang entstand in der Zeit der napoleonischen Kriege eine Festung zur Verteidigung gegen französische Invasoren. Die Klosterruinen von Clonmacnoise liegen etwas weiter stromaufwärts.

Die großen Lettern (D4) beziehen sich auf die Irland-Karte auf Seite 134

DIE INSPIRATION DES REISENS. JEDEN MONAT NEU.

Wählen Sie jetzt Ihr Gratis-Extra und sichern sich Lesegenuss auf höchstem Niveau

LESER SERVICE
040/87 97 35 40

Exklusives Reise-Schuhputz-Set von EdMeier

Die Zusammenarbeit mit zahlreichen Werkstätten der verschiedensten Handwerke sowie Kooperationen mit internationalen Designern und Labels machen bei Eduard Meier Alter zu Patina und Stil zu Klasse. Schuhputzset aus kernigem Rindleder; gefüllt mit zwei Gläsern Emulsionscreme, zwei Bürsten und einem Baumwoll-poliertuch.

Aktions-Nr.: 40203

4 x 10 Euro Wertgutscheine für DER FEINSCHMECKER GOURMET-SHOP

www.der-feinschmecker-shop.de – die erste Adresse für exklusive Anregungen für Augen und Gaumen. Ob ausgesuchte Delikatessen für den Gourmet, stilische Highlights für Tisch und Tafel oder exklusive Ausstattung für die Küche, DER FEINSCHMECKER GOURMET-SHOP bietet allen Genießern das Besondere. Shoppen Sie nach Lust und Laune im Internet und zahlen mit diesen Wertgutscheinen wie mit barem Geld – alles ganz einfach und sicher.

Aktions-Nr.: 40204

Bestellen Sie unter www.merian.de/lesen

AUTOREN UND FOTOGRAFEN

RALF SOTSCHEK kennt die Iren bestens und hat ihre skurrilen Gewohnheiten in Büchern wieder und wieder beschrieben. Nach 25 Jahren in Dublin ist der *taz*-Korrespondent fast selbst schon ein Ire.

ELSEMARIE MALETZKE entdeckte ihre Zuneigung zu Irland in den siebziger Jahren. Sie unterrichtete damals Deutsch in Dublin. Heute gilt ihre Vorliebe den zauberhaften irischen Landschaftsgärten.

KLAUS BOSSEMEYER stand in einer Vollmondnacht auf Tory Island, um das beste Licht für den Titel zu erwischen. Just als er auslösen wollte, tauchte im Sucher ein Cowboyhut auf – ein irischer Fotografenkollege, der die Magie dieses Augenblicks ebenfalls einfangen wollte.

STEFAN KRÜCKEN reiste als Whiskyexperte schon einige Male durch Irland. Seine Recherchen in Fisherstown dauerten: »Am Ende der Nacht kannten wir das halbe Dorf und fast alle Lebensgeschichten.«

Den **MERIAN kompass** schrieb Karola Kostede.

FOTO-SYNDICATION

Alle MERIAN-Fotos werden über die Syndication des Jahreszeiten Verlags vertrieben
Tel. 040 2717-2002, Fax -2089
www.jalag-syndication.de
Hotel- und Gastronomie-Fotos finden Sie unter
www.gourmetpictureguide.de

BILDNACHWEIS

Anordnung im Layout: o = oben, u = unten, r = rechts, l = links, m = mitte.
Titel: Klaus Bossemeyer; S.5 lo Michael Müller, rm Philip Koschel; S.6 rm, ru K. Bossemeyer; S.6/7, 7 m, 7 lm, lu P. Koschel; S.8 lo Fáilte Ireland, lu Okapia/imagebroker/Manfred Grebler, rm Jahreszeiten Verlag / Heino Banderob; S.10 lo Violetta Bismor, lm Matt Browne / SPORTSFILE, ro Siegfried Kuttig; S.14-27 P. Koschel; S.28 Susanne Schleyer; S.30-31 P. Koschel; S.32-42 P. Koschel; S.44/45, 48/49, 52 V. Bismor; S.46/47, 50/51, 53-55 P. Koschel; S.56-58 P. Koschel; S.59 P. Koschel; S.60-64 P. Koschel; S.66 Titanic Quarter Ltd; S.67 National Museums Northern Ireland 2010, Collection Ulster Folk & Transport Museum; S.68 o P. Koschel, u akg-images/ Universal Images Gr; S.70 o National Museums Northern Ireland 2010 Collection Harland & Wolff, Ulster Folk & Transport Museum, u P. Koschel; S.72 o Bettmann/CORBIS, u Spainpix/VWPICS/TopFoto.co.uk; S.74-80 P. Koschel; S.82 P. Koschel; S.84-88 K. Bossemeyer; S.89 The Angler's Return; S.90-94 P. Koschel; S.95 P. Koschel; S.96-107 K. Bossemeyer; S.109 P. Koschel; S.112 lo P. Koschel; S.113, 117, 119, 120, 125, 130, 137 P. Koschel; S.114 Dept. of Environment, Heritage and Local Government, Ireland; S.115, 131 Fáilte Ireland; S.116 Bildagentur-online/TIPS-Images; S.118 Tourism Ireland; S.121, 123 V. Bismor; S.122 picture-alliance /imagestate/HIP; S.124 Connemara Smokehouse; S.128 The Bushmills Inn Hotel & Restaurant; S.132 Northern Ireland Tourist Board; S.136 INTERFOTO/ Mary Evans; S.140 o, ru Darshana Borges, lu Arthur F. Selbach

Wir bedanken uns bei Tourism Ireland sowie Northern Ireland Tourist Board Belfast für die Unterstützung.

IMPRESSUM

Heft 2/2011 – Irland. Erstverkaufstag dieser Ausgabe ist der 27.01.2011
MERIAN erscheint monatlich im Jahreszeiten Verlag GmbH, Poßmoorweg 2, 22301 Hamburg
Tel. 040 2717-0 **Redaktion** Tel. -2600, Fax -2628, E-Mail: redaktion@merian.de
Leser- und Aboservice Tel. 040 87973540, Postfach 601220, 22212 Hamburg
Internet www.merian.de

Herausgeber Manfred Bissinger
Chefredakteur Andreas Hallaschka
Stellv. Chefredakteur Hansjörg Falz
Art Directorin Sabine Lehmann **Textchefin** Kathrin Sander
Redaktion Tibor M. Ridegh, Charlotte von Saurma, Peter Münch **Bildredaktion** Katharina Oesten, Eva M. Ohms **Layout** Dorothee Schweizer (stellv. AD) **Lektorat, Dokumentation** Jasmin Wolf (Leitung) Karin Harder (CvD/Herstellung) **Redaktionsassistenz** Sabine Birnbach
Konzeption dieser Ausgabe Tibor M. Ridegh (Text), Katharina Oesten (Bild)
Mitarbeiter dieser Ausgabe Stefanie Plarre, Sebastian Schulin (Dokumentation); Cornelia Böhling, Helmut Golinger, Beke Jürgensen, Ingrid Koltermann (Grafik); Violetta Bismor (Bildredaktion)
MERIAN-Autoren Barbara Baumgartner, Roland Benn, Sybille Berg, Marc Bielefeld, Christine Gräfin von Brühl, Carmen Butta, Alex Capus, Hugo Hamilton, Bertram Job, Thorsten Kolle, François Lelord, Clemens Meyer, Jonas Morgenthaler, Petra Reski, Johannes Schweikle, Saša Stanišić, Kai Strittmatter, Ilija Trojanow, Martin Tschechne (Kulturkorrespondent), Michael Wallner

Geschäftsführung Joachim Herbst, Dr. Jan Pierre Klage, Peter Rensmann, Hermann Schmidt
Verlagsleitung Premium Magazine Oliver Voß
Group Head Anzeigen Premium Magazine Roberto Sprengel
Anzeigenleitung Sabine Rethmeier **Anzeigenstruktur** Patricia Hoffnauer
Marketing Kenny Machaczek, Justus Hertle, Sonja Wünkhaus
Vertrieb PSG PREMIUM SALES Germany GmbH, Poßmoorweg 2-6, 22301 Hamburg
Vertriebsleitung Jörg-Michael Westerkamp (Zeitschriftenhandel), Mike Husmann (Buchhandel)
Verantwortlich für den redaktionellen Inhalt Andreas Hallaschka
Verantwortlich für Anzeigen Roberto Sprengel

Verlagsbüros Inland
Hamburg: Tel. 040 2717-2595, Fax 040 2717-2520, E-Mail: vb-hamburg@jalag.de
Hannover/Berlin: Tel. 0511 856142-0, Fax 0511 856142-19, E-Mail: vb-hannover@jalag.de
Düsseldorf: Tel. 0211 90190-0, Fax 0211 90190-19, E-Mail: vb-duesseldorf@jalag.de
Frankfurt: Tel. 069 970611-0, Fax 069 970611-44, E-Mail: vb-frankfurt@jalag.de
Stuttgart: Tel. 0711 96666-520, Fax 0711 96666-22, E-Mail: vb-stuttgart@jalag.de
München: Tel. 089 997389-30, Fax 089 997389-44, E-Mail: vb-muenchen@jalag.de

Repräsentanzen Ausland
Belgien/Frankreich Adnative sarl, Tel. +33 1 53648890 91, Fax +33 1 45002581
E-mail: paris@adnative.net <mailto:imc@international.fr> **Großbritannien** Publicitas Ltd, Tel. +44 20 75928300, Fax 7592 8301, E-Mail: jeremy.butchers@publicitas.com
Österreich Publimedia Internationale Verlagsvertretungen GmbH, Tel. +43 1 2115342, Fax 212 16 02, E-Mail: andrea.kuefstein@publicitas.com **Schweiz** Publicitas International AG, Tel. +41 61 275 46-09, Fax 2754730, E-Mail: basel-international-magazines@publicitas.com
Italien Media & Service International Srl, Tel. +39 02 48006193, Fax +39 02 48193274, E-Mail: info@it-mediaservice.com **Spanien** Alcalá Media International Media Representations, Tel. +34 91 3269106, Fax +34 91 3269107, E-Mail: m.vandereb@alcalamedia.com
Dänemark über Verlagsbüro Hamburg **Niederlande** über Verlagsbüro Düsseldorf
Luxemburg über Verlagsbüro Frankfurt

Die Premium Magazin Gruppe im JAHRESZEITEN VERLAG

A&W Architektur&Wohnen COUNTRY DER FEINSCHMECKER WEIN Gourmet MERIAN

Gültige Anzeigenpreisliste: Nr. 1
Das vorliegende Heft Februar 2011 ist die 2. Nummer des 64. Jahrgangs.

Preis im Abonnement im Inland monatlich 6,79 € inklusive Zustellung frei Haus.
Der Bezugspreis enthält 7% Mehrwertsteuer.
Auslandspreise auf Nachfrage. Postgirokonto Hamburg 132 584 201 (BLZ 200 100 20)
Commerzbank AG, Hamburg, Konto-Nr. 611657800 (BLZ 200 400 00)
Führen in Lesemappen nur mit Genehmigung des Verlages. Printed in Germany

Weitere Titel im Jahreszeiten Verlag
FÜR SIE, PETRA, VITAL, PRINZ, Architektur & Wohnen, COUNTRY, DER FEINSCHMECKER WEIN GOURMET, SCHÖNER REISEN, ZUHAUSE WOHNEN, SELBER MACHEN
Litho Alphabeta Druckformdienst GmbH, Hamburg.
Druck und Verarbeitung heckel GmbH, Nürnberg,
ISBN: 978-3-8342-1027-2, ISSN 0026-0029, MERIAN (USPS No. 011-458) is published monthly by JAHRESZEITEN VERLAG GMBH. Subscription price for USA is $ 110 per annum.
K.O.P.: German Language Publ., 153 S. Dean Street, Englewood NJ 07631.
Periodicals postage is paid at Englewood NJ 07631, and at additional mailing offices.
Postmaster: Send address changes to: MERIAN, GLP, PO Box 9868, Englewood NJ 07631

JAHRESZEITEN VERLAG
Ein Unternehmen der
GANSKE VERLAGSGRUPPE

MERIAN kompass

AUSGEWÄHLTE TIPPS UND ADRESSEN

WAS TUN IN IRLAND?

Die Steine des Giant's Causeway ganz im Norden des Nordens liegen nur wenig abseits von einer der schönsten Küstenstraßen der Welt

MERIAN | DAS BESTE ZUERST

Licht in Newgrange

In einem 5000 Jahre alten Ganggrab im Boyne Valley können Besucher ihr helles Wunder erleben

Ist das alles überirdisch? Von weitem sieht der lange, weiße Mauerring rund um den Grashügel so aus. Wo bis vor wenigen Jahrzehnten noch Kühe weideten, finden sich heute Besucher ein, die im Flusstal des Boyne drei Ganggräber besichtigen wollen: **Newgrange, Dowth** und **Knowth.** Newgrange ist das beeindruckendste. Hier gelangt man auch ins Innere des Grabes. Der Hügel, elf Meter hoch und etwa 100 Meter im Durchmesser, ist von 97 mächtigen Megalithen umgeben. Der Eingang wurde schon 1699 entdeckt, die ganze Anlage aber erst ab 1962 ausgegraben und restauriert. Ein 19 Meter langer Gang, beidseitig flankiert von 43 aufrecht gestellten Steinen, führt in den sechs Meter hohen Hauptraum. Von hier gehen drei Kammern ab, sodass sich ein kreuzförmiger Grundriss ergibt. Viele Steine sind mit Spiralen, Rauten, Schlangenlinien oder Zickzackornamenten geschmückt. Nach keltischer Überlieferung wurden hier die Könige von Tara (5. Jh.) beigesetzt. Die Anlage war aber schon vor über 5000 Jahren errichtet worden und diente als Gemeinschaftsgrab.

Die meisten Besucher wollen das »Lichtwunder« sehen. Durch einen rechteckigen Schlitz über dem Portal gelangt zur Wintersonnwende vom 19. bis 23. Dezember Tageslicht bis zu 17 Minuten lang ins Innere. Der Strahl wandert den Gang hoch, das Licht wird vom Boden reflektiert und erhellt schließlich die rückwärtige Nische. Auf den Führungen kann dieses Schauspiel zwar nur mithilfe einer künstlichen Lichtquelle nachgestellt werden, es ist aber immer wieder ein großer Moment. Wer das echte »Lichtwunder« live erleben will, muss sich bewerben und auf sein Glück hoffen, da das Los entscheidet.

Nur kurz fällt ein Lichtschimmer ins Grab von Newgrange

(E 4) **Newgrange** Brú na Bóinne Visitor Centre Newgrange and Knowth, Tel. 041 9880300, www.heritageireland.ie
Besichtigungen nur auf Führungen. Teilnahme an der Newgrange Winter Solstice Lottery über die Bewerberliste im Visitor Centre oder per E-Mail an: brunaboinne@opw.ie

Dowth Diese Grabkammer enthält zwei nach Westen ausgerichtete Gräber mit zwei Eingangsbereichen. Nicht zugänglich und nur von der Straße aus zu sehen.
3 Kilometer nordöstlich von Newgrange

Knowth Das Ganggrab mit zwei Gräbern übertrifft Newgrange mit seinen Schätzen an reich verzierten Steinen.
2,5 Kilometer nordwestlich von Newgrange

Cashel und Rock of Cashel

(C/D 6) Ab dem frühen 4. Jh. war Cashel der Sitz der Könige von Munster, im 12. Jh. entstand hier ein religiöses Zentrum. Den Kalksteinfelsen krönen eine Burganlage, die schöne romanische Cormac's Chapel (12. Jh.), eines der bedeutendsten Bauwerke der irischen Romanik, die gotische Kathedrale (13. Jh.), ein Rundturm (12. Jh.) sowie der Saal der Chorvikare (15. Jh.). Das Brú Ború Centre widmet sich der irischen Sprache, Musik und Kultur. Von Mitte Juni bis Mitte August gibt es ein Unterhaltungsprogramm mit Musik und Theater.

Clonmacnoise

(D 4) Am Shannon gelegene Klosteranlage, um 550 vom heiligen Ciarán gegründet. Zu sehen sind Relikte von Rundtürmen, Hochkreuzen und sieben Kirchen (9.-13. Jh.). Bedeutend und schön ist das Cross of the Scriptures, das die Gefangennahme Jesu, die Kreuzigung, das Grab Christi und das Jüngste Gericht zeigt.

Dublin

(E 4/5) Die Hauptstadt ist mit über 500 000 Einwohnern eigentlich nicht zu groß, um sie zu Fuß zu erkunden. Doch seit der Jahrtausendwende hat sie sich um die Viertel der Docklands erweitert. Ganz neu ist das Prädikat Unesco-Literaturstadt: Im ehrwürdigen Trinity College wird das berühmte mittelalterliche Book of Kells aufbewahrt (siehe S. 122), das Dublin Writers Museum erinnert an die Dichter der Stadt: Gleich drei Nobelpreisträger brachte Dublin hervor. Am belebtesten ist Dublin in der Flanier- und Hauptgeschäftsstraße O'Connell Street, auf dem bunten Markt in der Moore

Street, in der Grafton Street, der Einkaufsstraße zum Bummeln, und – ab abends – im Stadtteil Temple Bar mit seinen unzähligen Pubs. Die Ha'penny Bridge, Dublins schönste Fußgängerbrücke über den Fluss Liffey, bekam Konkurrenz. In den Docklands, der neuen Waterfront der Hauptstadt, spannt sich seit 2009 die kühne, harfenförmige Samuel Beckett Bridge von Santiago Calatrava über den Fluss. Am Merrion Square gibt es viele repräsentative Häuser im georgianischen Stil. Die bedeutendsten historischen Gebäude sind Dublin Castle (Record Tower aus dem 13. Jh., sonst 18./19. Jh.), Christ Church Cathedral (12./13. Jh.), St Patrick's Cathedral (13. Jh.), das Ensemble der berühmten Universität Trinity College Dublin (17.-19. Jh.) und der Kuppelbau von Four Courts. Die grünen Oasen der Stadt sind St Stephen's Green und der Phoenix Park. Reizvoll sind die Ausflugsziele am Meer: im Nordosten der alte Fischerort Howth auf der gleichnamigen Halbinsel mit schöner Steilküste, Malahide mit seinem Schloss, im Südosten Sandycove (James-Joyce-Museum in einem alten Wehrturm) und die hübschen Küstenorte Dalkey und Bray. Alle genannten Orte sind mit der Schnellbahn DART erreichbar.

Enniskerry und Powerscourt Estate

(E 5) Der hübsche Ort aus dem 18. Jh. verdankt sein Entstehen der Familie Powerscourt, deren Anwesen in einem der schönsten Landschaftsparks Europas liegt. Der Powerscourt Waterfall (121 m) ist der höchste Irlands.

Glendalough

(E 5) In den Wicklow Mountains, im »Tal der zwei Seen« (Gleann Dá Locha), liegt eines der meistbesuchten Klöster Irlands. Im 6. Jh. vom heiligen Kevin gegründet, wurde es zum geistigen und geistlichen Zentrum Irlands. Einige tausend Mönche und Klosterschüler lebten zeitweise in Glendalough. Wiederholt wurde die Klostersiedlung von Wikingern geplündert und 1398 von englischen Truppen zum großen Teil zerstört. Die meisten Ruinen sind relativ gut erhalten, darunter die Kathedrale von St Peter und St Paul ohne Dach (9.-12. Jh.), das St Kevin's Cross (6. Jh.), das Priest's House, ein kleines Oratorium (12. Jh.), die Kirchen St Mary's, St Saviour's Priory, Trinity sowie ein Rundturm.

Hill of Tara

(E 4) Dieser heiligste Hügel des keltischen Irlands war prähistorische Kultstätte und vom 3. Jh. an Sitz der Hochkönige. Tara, nach der Verbreitung des Christentums immer unbedeutender, wurde um 1020 aufgegeben. Auch wenn von der königlichen Festung und den frühzeitlichen Gräbern heute nur von Gras überwucherte Erdwälle erkennbar sind, blieb der Hill of Tara symbolträchtig. Deshalb soll 1843 der Freiheitskämpfer Daniel O'Connell über 500 000 Menschen auf dem Hill of Tara versammelt haben.

Hook Peninsula

(D 6/7) Der Ring um die Halbinsel mit sanfter Landschaft und ruhigen Dörfern beginnt südlich von New Ross an der Ruine der Zisterzienserabtei Dunbrody Abbey (gebaut ab 1170, Kirche aus dem 15. Jh.). Am breiten Sandstrand des Seebads Duncannon kann man gut rasten. Auf dem Hook Head steht einer der ältesten funktionierenden Leuchttürme Europas (13. Jh.). Der schwarz-weiß gestreifte Signalturm kann innen besichtigt werden.

Cashel: einst Krönungsstätte der Könige von Munster

Kilkenny

(D 6) Eine der schönsten mittelalterlichen Städte Irlands mit gewundenen Gassen und Häusern aus schwarzem Kalkstein. Kilkenny Castle, die normannische Festung oberhalb des Flusses Nore, zählt zu den bedeutendsten Burgen Irlands. Das Rothe House (1594-1610), ein ehemaliges Kaufmannshaus, beherbergt das City and County Museum mit Möbeln, Gemälden, Textilien und einer alten Backstube.

Waterford

(D 6) Von den Wikingern 835 gegründet. Die großen Mauern im Palace Garden gehen auf jene Zeit zurück, ebenso der runde Reginald's Tower. Weltbekannt wurde Waterford durch die Produktion von Kristallglas. Im House of Waterford Crystal wird dessen Herstellung demonstriert. Im Waterford Museum of Treasures kann man u. a. Broschen aus der Wikingerzeit und Normannenkreuze bewundern.

Wexford

(E 6) Bunte, gemütliche Hafenstadt mit schöner Promenade, verwinkelten Gassen und einem aus der mittelalterlichen Stadtbefestigung erhaltenen Tor. International bekannt ist das Opernfestival von Wexford (Okt./Nov.). Im Irish National Heritage Park in Ferrycarrig (5 km nordwestlich) bekommt der Besucher spannende Einblicke in 9000 Jahre irische Geschichte.

Wicklow Mountains

(E 5) Als »Garten Irlands« das Naherholungsgebiet der Dubliner. Der Wicklow Way, rund 130 km von den südlichen Vororten Dublins bis nach Clonegal, gehört mit Hochmooren und Wäldern zu den beliebtesten Wanderwegen der Insel. Höchste Erhebung ist der Lugnaquilla (ca. 925 m). Die relative Unzugänglichkeit der Berge schützte früher Aufständische gegen die englische Herrschaft. Am Lower Lake informiert ein Besucherzentrum über Routen und die Pflanzen- und Tierwelt.

MERIAN | **STADTPORTRÄT**

Der Stolz von Cork

Man feiert gern, gibt sich jung und kreativ. Die zweitgrößte Stadt der Republik zeigt Selbstbewusstsein

Wasserreich und weltoffen: Cork am Sullivan's Quay

Wenn die Hurling-Mannschaft von Cork als Sieger im Finale triumphal aus dem Dubliner Croke Park Stadium ausgezogen ist, zeigt sich einmal mehr, dass Cork mit seinen rund 120000 Einwohnern nicht einfach die zweitgrößte Stadt der Republik ist, sondern eine Großmacht – in den gälischen Sportarten wie im Selbstbewusstsein. Man hatte schon immer beste Kontakte nach Europa, Niederländer, Franzosen und Spanier kamen gern. Die Grafschaft Cork nennt sich heute »Rebel County«. Irlands Nationalheld Michael Collins, der 1916 den Aufstand gegen die Engländer anzettelte, stammt von hier (siehe auch Seite 134).

Die Menschen unten an der Südküste sind anders als im Rest der Republik, schon ihr singender Dialekt fällt auf. Cork gibt sich jung, humorvoll und kreativ, 2005 war es Kulturhauptstadt Europas. Die Corker sind stolz auf ein prächtiges Opernhaus und die Crawford Art Gallery mit einer großartigen Sammlung irischer Meister. Zentrum Corks ist die geschäftige breite Grand Parade, überragt wird die Stadt von den Kirchen St Fin Barre's Cathedral und St Anne's Church. Die zwei Arme des River Lee umfassen die Innenstadt mit ihren Kais, Geschäftsstraßen und engen Gassen. Viele Brücken und ein paar übrig gebliebene Kanäle zaubern ein holländisch anmutendes Flair in diese Stadt, und die viktorianischen Hallen des English Market sind zur Lunchzeit um zwölf Uhr einer der beliebtesten Treffpunkte der Corker. Auch abends hält es kaum jemanden zu Hause, weswegen angeblich jedes dritte Gebäude in Cork eine Kneipe beherbergt. (C 7)

Adare

(C 6) Das Bilderbuchdorf mit reetgedeckten Cottages ließ der Earl of Dunraven in den 1830er Jahren am Maigue errichten. Die ehemalige Franziskanerabtei ist nach Anmeldung im Golfklubhaus zu besichtigen.

Bantry

(B 7) siehe Seite 74

Beara Peninsula (Ring of Beara)

(A/B 7) Verstreute kleine Fischerorte und eine kahle Berglandschaft prägen die Halbinsel. Der 196 km lange Wanderweg Beara Way von Glengarriff nach Kenmare in Kerry über Castletownbere, Bere Island und Dursey Island ist eine gute Alternative zum bekannten Ring of Kerry. Er folgt alten Wegen, führt durch raue Felslandschaften und grüne Täler. Bei Bergsteigern ist der in den Caha Mountains gelegene Hungry Hill beliebt.

Blarney Castle

(C 7) Alle kommen, um zu küssen. In der Burg aus dem 15. Jh. ist ein Stein verbaut, der sprachgewandt machen soll, wenn man ihn küsst. Das geht aber nicht ohne Akrobatik; man muss sich dafür rückwärts auf den Zinnen liegend über einen Abgrund lehnen. Gitter und Wächter sorgen für Sicherheit.

Blasket Islands

(A 6) Die westlichsten Inseln Irlands waren bis 1953 bewohnt, heute lebt nur die walisische Aussteigerin Sue Redican mit Kerzenlicht, Campingkocher und Handy jährlich von Frühjahr bis Herbst auf Great Blasket. Tagestouristen verkauft sie gern Wollsachen.

Bunratty Castle & Folk Park

(C 5) Zeitreise ins alte Irland auf Bunratty Castle. Wer sich wie ein Graf fühlen will, bucht ein mittelalterliches Bankett inklusive Musik und Hofnarren. An die Burg grenzt der Bunratty Folk Park, dessen rekonstruierte Dorfstraße mit Pub, Postamt und Café die Besucher ins 19. Jh. versetzt.

Burren

(B 5) Die ausgedehnte Karstlandschaft ist überwiegend Nationalpark. Es wachsen nur wenige Bäume, aber zum Teil seltene mediterrane, alpine und arktische Pflanzen. Botanik und Geologie werden im Burren Centre in Kilfenora erklärt. Wer den Burren von unten sehen möchte, besucht die ausgewaschene Aillwee-Höhle (unterirdischer Fluss) in Ballyvaughan. Zwei Kilometer nördlich der Cliffs of Moher befindet sich Doolin Cave mit einem riesigen Stalaktiten. **Doolin** besteht aus drei Häuserreihen, ist aber mit den landesweit bekannten Musik-Pubs »Gus O'Connor's«, »McGann's« und »McDermott's« ein Zentrum irischer Musik. Das nahe **Lisdoonvarna** ist bekannt für seine Heilquellen und den alljährlich im September stattfindenden Heiratsmarkt.

Cliffs of Moher

(B 5) Acht Kilometer lang, rund 200 Meter hoch und eines der bekanntesten irischen Postkartenmotive. An den aus Sandstein und Schiefer geschichteten Felswänden nisten Trottellummen, Dreizehenmöwen und Papageientaucher. An der höchsten Stelle der Kliffs bietet der O'Brien's Tower einen spektakulären Panoramablick. Das neue multimediale Visitor Centre, unterirdisch in die Hügellandschaft integriert, geht ausführlich auf die Themen Ozean, Fels, Natur und Mensch ein.

Cobh

(C 7) Von einer mächtigen neogotischen Kathedrale (Glockenspiel mit 47 Glocken) überragt, liegt Cobh auf Great Island in der Bucht vor Cork. Nach dem Besuch von Queen Victoria 1849 trug die Stadt bis 1921 den Namen Queenstown. Hauptattraktion ist »The Queenstown Story«, ein Museumsprojekt zur Geschichte der Massenauswanderung.

Dingle Peninsula

(A 6) Die Halbinsel ist sehr abwechslungsreich. Beeindruckende Aussichten auf den Atlantik hat man von Sybil Head, Slea Head, Clogher Head und Dunbeg Fort. Im Westen befindet sich die Fahan Group, eine Ansammlung von »beehive huts«, steinernen »Bienenkorbhütten« früher Mönchssiedlungen. Bei Ballynana präsentiert sich das Gallarus Oratory (etwa 7. Jh.), das winzige Bethaus des hl. Gallarus, wie ein umgestülptes Boot. Es ist eine der besterhaltenen frühchristlichen Kapellen Irlands.
Der Hauptort Dingle ist eine lebhafte kleine Hafenstadt mit bunten Häusern und der Dingle Oceanworld mit einem Unterwasser-Glastunnel.

Burren: Megalithgrab »Poulnabrone Dolmen« im Karstland

Killarney und Killarney National Park

(B 6) Killarney ist ein klassisches Reiseziel in Irland, es wird bereits seit dem 18. Jh. gern besucht. Auf einer Rundfahrt mit der Kutsche kann man die hübsche Kleinstadt auch auf klassische Art kennenlernen. Killarney ist das Tor zum Nationalpark, dessen drei Seen Lough Leane (Lower Lake), Muckross Lake und Upper Lake allein ein Drittel des Parks einnehmen. Mit ihren Abteien, Schlossruinen und Gärten an den Ufern bilden sie eine einzigartige Landschaft. Der Park ist Unesco-Biosphärenreservat. Oberhalb der Seen liegt das Muckross House. Der Herrensitz (19. Jh.) und die Gärten sind zu besichtigen. Hervorragende Aussichtspunkte sind Torc Waterfall und Ladies View. Von Ross Castle aus beginnen Schiffsrundfahrten auf dem Lower Lake, und ebenfalls von dort kann man mit dem Boot nach Innisfallen Island übersetzen. Auf der Insel im Lower Lake sind Ruinen eines Klosters zu sehen. Westlich des Lower Lake kann man eine der schönsten Wanderungen in Irland machen, eine Tour durch das Gap of Dunloe. Diese dramatisch-romantische Schlucht ist gesäumt von hohen Felsen und dunklen Seen.

Kinsale

(C 7) Der sehr hübsche, an einer Bucht gelegene Küstenort wirkt in guten Sommern fast mediterran und ist Anziehungspunkt für Schwimmer, Segler, Taucher und Surfer. Auch Gourmets kommen gern in die »Culinary City«, die über einige exzellente Restaurants verfügt. Im etwa 500 Jahre alten Desmond Castle ist heute ein Weinmuseum untergebracht.

Limerick

(C 5) Die drittgrößte Stadt der Republik wurde im 9. Jh. von den Wikingern gegründet. Das imposante fünfeckige King John's Castle am Shannon River entstand 1200-1212. Sehenswert sind auch die St Mary's Cathedral mit schönem Chorgestühl und das Hunt Museum (ehemals Custom House, 1769). Bekannt wurde die heute sehr geschäftige Stadt durch Frank McCourts Roman »Die Asche meiner Mutter«. Sogar Rundgänge auf den Spuren des Romans werden angeboten.

Mizen Head

(A 7) An Irlands Südwestspitze liegt der schöne Badeort Barleycove, in Schull gibt es ein Planetarium, und vom Leuchtturm der Mizen Head Signal Station hat man eine tolle Aussicht auf den Atlantik. Die Steilklippen von Three Castle Head sind nur zur Fuß zu erreichen.

Ring of Kerry

(A/B 6/7) Die berühmte, rund 160 Kilometer lange Panoramastraße beginnt in Kenmare und führt über die Iveragh-Halbinsel. Sneem ist ein buntes Dorf, in der Nähe liegt das Staigue Fort, eine gut erhaltene prähistorische Ringfestung. In Caherdaniel erinnert das Derrynane House an Daniel O'Connor, den Kämpfer für die Rechte der Katholiken. Die West- und Nordküste sind der spektakulärste Teil der Strecke, die sich in Serpentinen zum Meer hinunterschlängelt (schöne Aussicht vom Coomakista-Pass). Auf Valentia Island (Brückenverbindung) kann man sich im Skellig Experience Centre über die kleinen faszinierenden Eilande informieren.

Skellig Islands

(A 7) Seefestigkeit und Bergsteigerqualitäten sind gefragt. Am schroffen, 217 m hohen Felsen Skellig Michael führen etwa 600 Stufen zu einem Kloster aus dem 6. Jh. Sehenswert sind auch die Reste der Mönchsgärten, gut erhaltene »Bienenkorbhütten« und die Kolonie von 40 000 Basstölpeln. Die Besucherzahl ist beschränkt, deshalb früh buchen (www.skelligsrock.com)!

MERIAN | BERGTOUR

Irlands Sinai

Der Croagh Patrick ist der heilige Berg der Iren. Zehntausende pilgern jährlich auf den Gipfel

Croagh Patrick: Der mythische Berg zeigt sich gern umwölkt

Vierzig Tage und Nächte verbrachte der Missionar und Nationalheilige Patrick im Jahr 441 fastend und betend auf einem 765 Meter hohen Berg an der irischen Westküste im County Mayo. Er kämpfte mit Geistern und Dämonen und verbannte alle Schlangen von der Insel.

Sehr bald wurde der inzwischen nach St Patrick benannte Berg zur Wallfahrtsstätte. Am letzten Julisonntag, dem »Reek Sunday«, pilgern Zehntausende Gläubige auf den Gipfel des kegelförmigen Bergs, um ihre Sünden zu sühnen. Besonders Bußfertige entledigen sich dabei ihrer Schuhe. Loses Geröll macht den Aufstieg beschwerlich. An drei Stationen müssen die Pilger Steinhaufen umrunden, mehrere Vaterunser und das Glaubensbekenntnis sprechen. Der Aufstieg dauert – mehr oder weniger, je nach Konstitution – etwa vier Stunden. Auf dem Gipfel steht eine Kapelle. Oft ist der Croagh Patrick von Wolken oder Nebel umhüllt, doch bei gutem Wetter ist die Sicht auf die Clew Bay phantastisch. Natürlich machen sich nicht nur im Juli, sondern während des ganzen Jahres Pilger und Touristen auf diesen Weg.

(B 3) Croagh Patrick Auf der R335 von Westport bis zum Ort Murrisk, www.croaghpatrickheritagetrail.com

Achill Island

(B 3) Moor, Heide und hohe Klippen säumen die Panoramaroute über die größte Insel Irlands, die über den Achill Sound eine Brückenverbindung zum Festland hat. Der Atlantic Drive bietet spektakuläre Aussichten. Heinrich Böll schrieb hier sein berühmtes »Irisches Tagebuch«. Heute dürfen auserwählte Schriftsteller in seinem ehemaligen Cottage in Dugort die Abgeschiedenheit zum Arbeiten nutzen. Am Fuß des Slievemore Mountain liegt ein verlassenes Dorf, das seine Bewohner während der großen Hungersnot im 19. Jh. aufgaben. Die Strände von Achill Island sind bei Surfern beliebt.

Aran Islands

(B 4/5) Noch vor wenigen Jahrzehnten waren Inishmore, Inishmaan und Inisheer von der Welt recht abgeschnitten. Sie blieben Hochburgen gälischer Sprache und Brauchtümer. Auf Inishmore, der größten der Inseln, thront Dún Aengus, ein prähistorisches Fort, über den Klippen. Nicht selten sieht man eines der traditionellen keltischen *curragh*-Boote. Berühmt und besonders sind die Strickwaren der Frauen von Aran.

Boyle

(C 3) Am River Boyle liegt die 1161 von Zisterziensern gegründete Boyle Abbey. Gut erhalten von der Kirche (ohne Dach) sind Langschiff (romanische wie gotische Gewölbebogen), Querschiffe und Chor, vom Kloster stehen noch Küche und Gästehaus. Mitten im Ort ist das aufwendig restaurierte King House mit Museum zu besuchen, der Landsitz stammt aus dem Jahr 1730.

Céide Fields

(B 2) Das über 5 000 Jahre alte Dorf liegt acht Kilometer westlich von Ballycastle. Auf rund zehn Quadratkilometern lagen Mauerreste von Gehöften unter einer dicken Torfschicht verborgen. Es ist das weltweit größte neolithische Denkmal. Tipp: An einer Führung teilnehmen! Sonst bleibt Céide Fields für manchen lediglich ein Berg mit lauter kleinen Steinen.

Clare Island

(B 3) Eines der ruhigen, beschaulichen Inselparadiese. Das Granuaile's Castle am Hafen war im Besitz der legendären Piratenkönigin Grace O'Malley (um 1530-1603, genannt Granuaile), die gegen die englische Herrschaft kämpfte. Ihr angebliches Grab liegt in der kleinen Abtei, wo ihr Motto »Unbesiegbar zu Wasser und zu Land« an sie erinnert.

Clifden

(B 4) Im Sommer ist der Küstenort überlaufen, denn die Clifden Bay lockt mit weiten Sandstränden. Im August zieht die Connemara-Pony-Show Besucher aus ganz Westirland an. Acht Kilometer östlich von Clifden liegt das Bauernhaus des Auswanderers Dan O'Hara. Sein altes Anwesen wurde zum Freilichtmuseum. Vorführungen im Torfstechen, Dachdecken und Schafescheren.

Connemara National Park

(B 4) Connemara ist der Inbegriff des ursprünglichen, wildromantischen Irlands mit Bergen, Tälern, Mooren und vielgestaltigen Stränden. Der rund 3 000 Hektar große Nationalpark erstreckt sich von der

Küste bei Letterfrack bis zur Bergkette der Twelve Bens. Infos im Besucherzentrum (Wiedereröffnung voraussichtlich im Frühjahr 2011) über Flora, Fauna und Geologie der Sumpf- und Heidelandschaften. Besucher erfahren hier auch Interessantes über die Geschichte der traditionsverbundenen Region, wo das Gälische noch lebendig ist.

Donegal

(D 2) Die Stadt Donegal liegt an der gleichnamigen Atlantikbucht und in der gleichnamigen nördlichsten Grafschaft der Republik, die rauen Charme mit Gebirgen und großartigen einsamen Stränden verbindet. Das Donegal Castle wurde im 15. Jh. von dem Herrschaftsclan der O'Donnell erbaut, es ist heute nur noch eine – wenn auch eindrucksvolle – Ruine. Der Diamond Obelisk im Stadtzentrum erinnert an die vier Franziskanermönche, die in der Donegal Abbey (15. Jh.) um 1630 die »Annals of the Four Masters« verfassten, eine Geschichte der Kelten von der Sintflut bis Anfang des 17. Jh.

Galway

(B/C 4) Feinschmecker kommen Ende September zuhauf, wenn sich beim Austernfestival alles um die delikate Meeresfrucht dreht. Das Latin Quarter der quirligen Universitätsstadt lädt zum Bummeln ein, und es gibt viele Pubs. Der Kennedy Garden bildet mit seiner großen Rasenfläche das Zentrum der Stadt. Das Patrizierhaus Lynch's Castle (16. Jh.) ist ein an der gotischen Fassade reich dekorierter Stadtpalast. Östlich der St Nicholas Cathedral überspannt die Salmon Weir Bridge den Corrib. Wenn

Galway: Miniatur-Straßenfestival für Passanten

die Lachse flussaufwärts ziehen, kann man große Schwärme der Fische beobachten. Der Spanish Arch (16. Jh.), eine Erweiterung der Stadtmauer zum Schutz der Kaianlagen, erinnert an die Zeit, als in Galway der Handel mit Spanien und Frankreich blühte.

Glenveagh National Park

(D 1) Der mit 17 000 Hektar größte Park Irlands liegt im nordwestlichen Donegal. Vom Besucherzentrum am nördlichen Ende des Lough Beagh fährt ein Bus zum Glenveagh Castle am südlichen Ufer. Die protzige Burg ist ein Nachbau (um 1870) des königlichen Schlosses Balmoral in Schottland. Bezaubernd ist der dazugehörige Park. Kunstfreunde machen einen Abstecher zum Glebe House and Gallery, hier lebte der Maler Derek Hill, und neben Arbeiten der Tory-Island-Künstler sind auch Werke von Picasso und Renoir zu sehen.

Inishowen Peninsula

(D/E 1) Auf der größten Halbinsel Donegals mit vielen schönen Stränden gibt es zahlreiche Hochkreuze, prähistorische Relikte und Burgruinen. Im Sommer kann man in dieser abgelegenen Region den Ruf des Wachtelkönigs hören und andere seltene Vogelarten beobachten.

Kinvara

(C 4/5) In dem idyllischen Fischerdorf an der Galway Bay riecht es nach Seetang. Am Pier stehen die Häuser dicht an dicht. Oberhalb der Stadt liegt Dunguaire Castle aus dem 16. Jh. In der mächtigen Festungsanlage finden heute Bankette nach mittelalterlicher Art statt; mit Harfenmusik und Darbietung irischer Gedichte.

Knock

(C 3) Das Dorf in Connemara ist mit dem Croagh Patrick der bedeutendste Wallfahrtsort Irlands, nachdem es 1879 hier eine Marienerscheinung gegeben haben soll. Knapp hundert Jahre später entstand hier eine mächtige Basilika mit Platz für mehr als 12 000 Gläubige.

Kylemore Abbey

(B 4) Wie verwunschen liegt der düstere neogotische Palast am waldumgebenen Kylemore Lake östlich von Letterfrack. Der Geschäftsmann Mitchell Henry ließ ihn ab 1867 als Geschenk für seine Frau errichten. Nach dem Ersten Weltkrieg zogen Benediktinernonnen ein und gründeten eine Klosterschule. Das renommierte Pensionat wurde 2010 geschlossen. Die Kirche (1877-81) ist einem Gotteshaus aus dem 14. Jh. nachempfunden.

Slieve League/ Bunglass Cliffs

(C 2) Alle kennen die Cliffs of Moher, doch kaum jemand die Bunglass Cliffs. Sie sind mindestens so spektakulär. Rund 600 Meter ragen zwei Felsen empor, die wegen ihrer Form Giant's Desk und Giant's Chair heißen. Den One Man's Pass, den schmalen Pfad, der um die fast senkrecht abfallenden Felsen führt, sollten nur Menschen ohne Höhenangst begehen. Wer die Klippen lieber vom Wasser aus betrachten möchte, kann in den Sommermonaten von Teelin aus eine Bootstour unternehmen.

Sligo

(C 2/3) Im Sligo County Museum erinnert ein Gedenkraum an den Literaturnobelpreisträger William Butler Yeats (1865-1939). Fünf Kilometer südwestlich von Sligo liegt der älteste Steingräber-Friedhof Irlands, Carrowmore Megalithic Cemetery. Einen Ausflug wert ist auch der Landsitz Lissadell House in Carney. Sir Robert Gore-Booth galt im 19. Jh. als Prototyp des hartherzigen, rücksichtslosen Landbesitzers und Blutsaugers. Berühmt wurde seine Enkelin Constance Markiewicz (1868-1927), die als Freiheitskämpferin 1916 am Osteraufstand teilnahm, zum Tode verurteilt wurde und nach einer Amnestie eine bedeutende Rolle in der irischen Politik spielte.

MERIAN | ZEITREISE

Alte und Neue Welt

Im Ulster American Folk Park wird die Geschichte der Massenauswanderung aus Irland lebendig

Der Weg von der Alten in die Neue Welt ist kurz, der Reisende muss nur durch das Unterdeck eines Segelschiffs gehen. Verließ er soeben eine armselige irische Bauernkate, so steht er jetzt in einer amerikanischen Kleinstadtstraße des 19. Jahrhunderts.
Wohl in keinem anderen Volk Europas ist die Massenauswanderung nach Nordamerika so stark im Bewusstsein wie bei den Iren. Der Ulster American Folk Park stellt mit guten Präsentationen in beeindruckenden Kulissen das Leben der Iren diesseits und jenseits des Atlantiks vor. Gern machen sich viele Amerikaner mit irischen Vorfahren auf die Zeitreise in diesem großen Freilichtmuseum, in dem es auch Feste und Musikveranstaltungen gibt. Besucher sollten sich mindestens drei Stunden Zeit nehmen.

Ulster American Folk Park (D 2) 2 Mellon Road Castletown, 8 km nördlich von Omagh an der A 5 www.folkpark.com

Viktorianisch-bewährt seit 1845: Queen's University Belfast

Antrim Coast

(E/F 1) Zwischen Derry und Belfast verläuft eine der schönsten Küstenstraßen Europas. Dort reihen sich Badeorte wie **Portstewart, Portrush** und **Ballycastle** aneinander, man passiert idyllisch gelegene Fischerdörfer, schroffe Felsen, Täler, Ruinen und die für ihre Cottages bekannten Orte Cushendun, Cushendall und Carnlough, Sehenswürdigkeiten sind das **Dunluce Castle** und **Mussenden Temple**, das spektakuläre Unesco-Weltnaturerbe **Giant's Causeway** und die Hängebrücke **Carrick-a-rede.**

Ards Peninsula

(F 2/3) Das Seebad Bangor, der Hafenort Donaghadee mit Irlands ältestem Pub (»Grace Neill's«, 1611) und das Dorf Portaferry mit dem Aquarium Exploris (Robbenaufzuchtstation) sind die Ausflugsziele der Belfaster auf der Halbinsel Ards. Das Herrenhaus Mount Stewart (18. Jh.) hat herrliche Gartenanlagen.

Armagh

(E 3) Die Stadt mit den Bischofssitzen der anglikanischen und der katholischen Kirche – und zwar jeweils für das ganze Irland – hat gleich zwei St-Patrick's-Kathedralen. Ausstellungen zum Leben des Heiligen und zur Stadtgeschichte werden im St Patrick's Trian Visitor Complex gezeigt. Die Armagh Public Library wurde 1771 von Erzbischof Robinson gegründet, ebenso das Armagh Observatory (1790). Drei Kilometer westlich liegt das **Navan Fort.** Diese Ringfeste war als prähistorisches Zentrum Ulsters vor knapp 3 000 Jahren besiedelt. Gutes Info-Zentrum.

Belfast

(F 2) Wie die City Hall zeugen das Grand Opera House, das Custom House sowie der üppig dekorierte »Crown Liquor Saloon« von Belfasts Aufschwung im 19. Jh.
Zwei Jahrhundertwenden später verjüngt sich Belfast erneut: Jenseits des River Lagan entsteht ein neues großes Waterfront-Viertel (s. S. 60 und 66).

Carrickfergus

(F 2) Am Belfast Lough steht Carrickfergus Castle (12. Jh.), Nordirlands imposanteste mittelalterliche Festungsanlage, heute Museum. Schönes historisches Zentrum.

Derry/Londonderry

(E 1) Die zweitgrößte Stadt Nordirlands hat eine schöne Hügellage nahe der breiten Mündung des River Foyle. Die fast vollständig erhaltene, bis acht Meter hohe Stadtmauer aus dem 17. Jh. umschließt bis heute den Stadtkern. Die St Columb's Cathedral (1618-33) ist die erste protestantische Kirche Irlands. Die Fassade der neugotischen Guildhall, 1890 als Rathaus erbaut, schmücken Buntglasfenster. Das moderne Tower Museum präsentiert auf interessanteste Art die Stadtgeschichte, die auch die Jahre der »Troubles« zwischen Protestanten und Katholiken berücksichtigt. Das Museum of Free Derry befindet sich im katholischen Stadtteil Bogside. Dort erinnert ein Obelisk an die Opfer des »Bloody Sunday« am 30. Januar 1972, der zur Eskalation des Nordirland-Konflikts führte.

Enniskillen und die Fermanagh-Seenplatte

(D 3) Der Ferienort Enniskillen liegt zwischen Upper und Lower Lake Erne. Während sich der obere See als Wasserlabyrinth mit zig Inseln, Landzungen und Schilfbuchten präsentiert, ist der untere See eher eine offene Wasserfläche. Zahlreiche Zeugnisse aus keltischer Zeit sind an den Ufern zu finden, bekannt sind die rund 2 000 Jahre alte, doppelfigurige Statue Caldragh Idol sowie der einäugige Lusty Man auf dem Caldragh-

Friedhof von Boa Island am Nordende des Lower Lake Erne. Auf Devenish Island im Lower Lake Erne sind Reste einer bedeutenden, im 6. Jh. gegründeten Mönchssiedlung zu besichtigen. Der gut erhaltene Rundturm stammt aus dem 12. Jh. Zudem prägen weitere Herrenhäuser die Region, darunter der Sitz der Familie Cole aus der Mitte des 18. Jh., der Florence Court. Im Belle Isle Castle am Nordende des Upper Lake Erne kann man herrschaftlich übernachten und Kurse an der guten Kochschule besuchen.

Glenariff Forest Park
(F 1/2) Zwischen Cushendun und Glenarm suchen sich die Flüsse von neun eiszeitlichen Gletschertälern den Weg zum Meer. Als »Mini-Schweiz « werden die Glens of Antrim gern bezeichnet. Die schönste Schlucht ist die von Glenariff, am dortigen Parkplatz (Heritage Centre) sind die Spazierwege – auch zum Glenariff-Wasserfall – ausgeschildert.

Lough Neagh
(E 2) Den größten Binnensee der Britischen Inseln kann man auf Bootstouren erkunden oder auf dem etwa 180 km langen Radweg Loughshore Trail umrunden. Am Westufer befindet sich das Ardboe High Cross, eines der schönsten keltischen Steinkreuze des Landes (10. Jh.). Das Lough Neagh Discovery Centre liegt auf der im südlichen Teil des Sees gelegenen Oxford Island.

Sperrin Mountains
(E 2) In dieser Landschaft ist das Schaf König. So gut wie unentdeckt sind die Moore, Heideflächen, Bäche und schmalen Wege der dünn besiedelten Gebirgskette, dessen höchste Erhebung der 678 m hohe Sawel Mountain ist. An der A505 befinden sich die Beaghmore Stone Circles, bronzezeitliche Steinkreise und Hügelgräber. Infos über dieses Wanderparadies gibt das Sperrin Heritage Centre in Cranagh an der B47.

MERIAN | IM DETAIL

Das Keltenkreuz
Die etwa 120 Hochkreuze Irlands, zwischen dem 8. und 12. Jh. entstanden, zeigen figürliche Kunst mit Szenen aus der biblischen Geschichte oder ornamentalen Schmuck wie hier das Hochkreuz in der Nähe von Cushendall **(F 1)** bei der Kirchenruine Layde Church. Typisch ist der Ring, der um den Schnittpunkt von Schaft und Kreuzarmen gelegt ist. Die mittelalterlichen Steinmonumente haben vermutlich nie als Grabkreuze gedient.

MERIAN | BOOK OF KELLS

Die Kunst der Mönche

Im Trinity College in Dublin liegt das kostbarste Meisterwerk irischer Buchmalerei

Aus dem Johannesevangelium, um 800

Alle drei Monate werden neue Seiten des **Book of Kells** in der Schatzkammer der Bibliothek aufgeschlagen. Das reich verzierte Evangeliar, das 1953 in vier Bände aufgeteilt wurde, besitzt eine ungeheure Symbolkraft, die bis zu 500 000 Besucher pro Jahr in ihren Bann zieht. Beeindruckend sind die prachtvollen, minutiös ausgeführten Initiale, die zu Beginn jedes Abschnitts der vier Evangelien stehen. Rund 2000 solcher kunstvollen Buchstaben enthält das Buch, jeder von ihnen ist einzigartig.

Das Book of Kells ist eine freie Abschrift der Vulgata, der lateinischen Hieronymusbibel aus der Zeit um 400. Auch die Figuren und die Tiere ziehen die Blicke der Besucher auf sich. Menschendarstellungen stehen oft am Ende der Zeilen. Gemalt wurden sie auf zarte, aus Kälberhaut gewonnene Pergamentseiten. Vermutlich waren nur drei Mönche für die künstlerische Umsetzung der Bildmotive verantwortlich. Sie hatten eine besondere Technik entwickelt und waren Meister im Mischen von Pigmenten. Mineralien wie Auripigment erzeugten ein starkes, nahezu flackerndes Gelb, aus gemahlenem Lapislazuli entstand ein tiefes Blau. Ende des 8. Jh. begannen die irischen Mönche des **Klosters Iona** in Schottland das Meisterwerk, zu den Brüdern von Abt Connachtach zählten einige der besten Kartografen und Künstler Europas. Ein Überfall der Wikinger veranlasste die Mönche **806** zur Flucht ins irische Kells. Dort wurde das Buch, 680 Seiten stark, wahrscheinlich vollendet. Im Jahr **1006** verschwand es für einige Wochen, als es wieder auftauchte, fehlten mindestens zwanzig Seiten und die Edelsteine, die das Deckblatt zierten. Erneut musste das Evangeliar in Sicherheit gebracht werden, als **1641** die Kirche während des Bürgerkriegs zerstört wurde. Durch die Vermittlung des Bischofs von Meath gelangte das wunderbare Buch schließlich um 1660 in die Bibliothek des Trinity College.

Trinity College Dublin, (e 3) College Green
Tel. 01 8962320, www.bookofkells.ie

IRLAND

(C 7) Cork

Cork Butter Museum

Eine Institution, die das Kulturgut Butter feiert. In Cork befand sich im 19. Jh. ein bedeutender internationaler Buttermarkt. Unter den zahlreichen Exponaten gibt es ein 1000 Jahre altes Butterfass.
The Tony O'Reilly Centre
O'Connell Square
Tel. 021 4300600
www.corkbutter.museum

(E 4/5) Dublin

Dublin City Gallery The Hugh Lane

Attraktion ist das Atelier von Francis Bacon, das aus London hergebracht und hier aufgebaut wurde. Der Arbeitsplatz des britischen Malers ist ein kreatives Chaos. Im Altbau: französische Malerei von Manet, Degas und Monet. Im Neubau: Werke von Jack B. Yeats, Sean Scully sowie irischen und internationalen zeitgenössischen Künstlern.
(d 1) Charlemont House
Parnell Square North
Tel. 01 2225550
www.hughlane.ie

Dublin Literary Pub Crawl

Amüsant, unterhaltsam und einmalig. Zwei Schauspieler führen jeweils durch die besten Pubs Dublins,singen und zitieren Joyce, Beckett, Behan oder W. B. Yeats.
Treffpunkt: The Duke Pub
(d/e 3) 9 Duke Street
Tel. 01 6705602
www.dublinpubcrawl.com

Dublin Writers Museum

Fotos, Briefe und Erstausgaben von Beckett, Joyce, Wilde, Shaw und W. B. Yeats sind unter einem Dach vereint.
(d 1) 18 Parnell Square
Tel. 01 8722077
www.writersmuseum.com

Irish Museum of Modern Art (IMMA)

Das frühere Royal Hospital von Kilmainham, eines der schönsten Gebäude Irlands aus dem 17. Jh., beherbergt eine Sammlung zeitgenössischer Kunst, darunter Werke von Cecil King, Juan Muñoz, Rebecca Horn sowie zirka 1 200 Grafiken von Künstlern wie Dürer oder Goya aus der Madden Arnholz Collection.
(a 3) Royal Hospital
Kilmainham, Military Road
Tel. 01 6129900
www.imma.ie

James Joyce Centre

Lesungen sowie Ausstellungen, Filme und Computerinstallationen über das Leben und Werk des Schriftstellers James Joyce.
(d 1) 35 North Great George's Street
Tel. 01 8788547
www.jamesjoyce.ie

Die großen Lettern (C 7) beziehen sich auf die Irland-Karte auf S. 134, die kleinen (d 1) auf den Dublin-Stadtplan auf S. 133

National Gallery of Ireland
Irische Malerei (u.a. Jack B. Yeats) und Werke internationaler Künstler. Ein Höhepunkt ist Caravaggios »Gefangennahme Christi«.
(e 3) Merrion Square West
Tel. 01 6615133
www.nationalgallery.ie

National Museum of Ireland – Archaeology
Irlands Schatzkammer mit Funden aus prähistorischer Zeit bis zum Mittelalter. Unbedingt anschauen: den kostbaren sakralen Ardagh-Kelch und die Tara-Ringfibel aus vergoldetem Silber, vermutlich aus dem 8. Jh.
(e 3/4) Kildare Street
Tel. 01 6777444
www.museum.ie

Trinity College – The Long Room
Der knapp 65 Meter lange Raum in der Alten Bibliothek birgt 200 000 Bücher, Marmorbüsten und eine Kopie der Proklamation der irischen Republik von 1916, die zum Osteraufstand führte.
(e 3) Trinity College Dublin
College Green
Tel. 01 8962320
www.bookofkells.ie

(B/C 4) Galway
Galway City Museum
Modernes Stadtmuseum nahe dem Spanish Arch, einem Torbogen aus dem 16. Jh. Sehenswert sind besonders die *curraghs*, die alten Boote aus Tierhäuten und Holz.
Spanish Parade
Tel. 091 532460
www.galwaycitymuseum.ie

(C 5) Limerick
Hunt Museum
Von mittelalterlicher Kirchenkunst über Keramiken bis zu Werken von Picasso und Henry Moore – diese Privatsammlung zählt ungefähr 2 000 Objekte.
Rutland Street
Tel. 061 312833
www.huntmuseum.com

Saint Patrick Centre, Downpatrick: keltische Ornamente in Glas

(B/C 3) Turlough
National Museum of Ireland – Country Life
In alten Zeiten war alles besser? Nein, aber idyllischer. Das Haus widmet sich den Handwerkskünsten von Korbflechterei bis Bootsbau und dem ländlichen Leben in Irland von 1850 bis 1950.
Turlough Park, Castlebar
Tel. 094 9031755
www.museum.ie

NORDIRLAND

(E 3) Armagh
Navan Centre & Fort
Die umwallte Hügelfestung ist eine der wichtigsten archäologischen Fundstätten mit stein- und bronzezeitlichen Spuren. Sitz des sagenhaften Königs Conchobar.
81 Killylea Road (A28, ca. 3 km westl. von Armagh)
Tel. 028 37529644
www.armagh.co.uk/ Navan-Fort.aspx

(F 2) Belfast
Ulster Museum
Die ägyptische Mumie »Takabuti« ist die meistbestaunte Frau Nordirlands. Aus einem Wrack der spanischen Armada stammt ein rubingeschmückter goldener Salamander. Die Porzellansammlung mit Stücken aus der Manufaktur Belleek zählt zu den schönsten der Welt.
Botanic Gardens
Tel. 0845 6080000
www.nmni.com

Ulster Folk & Transport Museum
Im Outdoor Folk Museum wurde ein ganzes Dorf rekonstruiert. Hier demonstrieren Mitarbeiter in historischen Kostümen, wie das Alltagsleben vor 100 Jahren aussah. In der Nachbarschaft zeigt die Irish Railway Collection Lokomotiven und Fahrzeuge.
153 Bangor Road, Cultra Holywood, ca. 12 km nordöstl. von Belfast, Tel. 028 90428428, www.nmni.com

W5
Wer? Was? Wo? Wann? Warum? – Kinder finden in diesem wissenschaftlichen Erlebniszentrum Antworten auf viele Fragen. Fast 200 interaktive Exponate laden zum Ausprobieren ein, Besucher können in ihrem eigenen Wetterbericht auftreten, ein Boot segeln, ein Haus bauen oder unsichtbare Instrumente spielen.
W5 at Odyssey
2 Queen's Quay
Tel. 028 90467700
www.w5online.co.uk

(D 2) Belleek
Belleek Pottery
Das nordirische »Meissen«, 1857 gegründet. Auf Führungen wird die Porzellanherstellung erklärt, außerdem sind kostbare, handgearbeitete Unikate der Manufaktur zu sehen.
3 Main Street
Tel. 028 68659300
www.belleek.com

(E 1) Derry/Londonderry
Tower Museum
Sicher eines der besten irischen Stadtmuseen. Die Geschichte der Stadt wird anschaulich aufbereitet. Schwerpunkte sind die englische Kolonisierung, das frühe Industriezeitalter und die politische Entwicklung im 20. Jh. Eine Ausstellung widmet sich dem Untergang der »Trinidad Valencera« von 1588, eines der größten Schiffe in der Armada.
Union Hall Place
Tel. 028 71372411
www.derrycity.gov.uk/ museums

(F 3) Downpatrick
Saint Patrick Centre
Wer sich für den irischen Nationalheiligen Patrick interessiert, sollte dieses Dokumentationszentrum mit den vielfältigen Legenden- und Lebensdarstellungen (Skulpturen, Gemälde, Videos) besuchen.
53 a Lower Market Street
Tel. 028 44619000
www.saintpatrickcentre.com

MERIAN | **SPEZIALITÄT**

Wo die wilden Lachse herkommen

Aus Graham Roberts' Räucherei in Connemara

Hat gut lachen: Roberts und der größte Lachs 2010

An der irischen Westküste ist die See klar und rau, beste Lebensbedingungen also für den Atlantiklachs und andere delikate Speisefische aus dem Meer. Hier, am Pier von Ballyconneely, einem kleinen Ort zwischen Roundstone und Clifden in Connemara, befindet sich die Fischräucherei von Graham Roberts.

Sein Wildlachs, der von Clare Island vor der Westküste von Mayo stammt, der Graved Lachs und der geräucherte Thunfisch werden weithin gerühmt. Zu Roberts' Angebot gehört auch Zuchtfisch aus ökologischer Aquakultur, dieser Bio-Lachs wird mit Futter ernährt, das selbst ausschließlich naturrein ist.

Schon als kleiner Junge lief Graham zwischen Räucherofen und Fischkästen herum und packte in der 1979 von seinen Eltern John und Bridget gegründeten Räucherei mit an. Klar, dass er den Laden, heute ein Acht-Mann-Betrieb, mal übernehmen würde.

Wenn Graham Roberts einen Fisch zum Filetieren hernimmt, sitzt jeder Handgriff. Er schafft etwa 40 bis 50 Fische pro Stunde. Nach dem Filetieren wird der Fisch gewaschen und gekühlt, danach mit feinem, trockenem Meersalz gesalzen. Zwischen acht und zehn Stunden bleibt der Fisch in diesem Salzbett liegen. Dann wird der Räucherofen vorgeheizt.

Zum Räuchern verwendet Graham nur Buchenholz, er schwört auf das Aroma. Wichtig ist eine mäßige Hitze, aber eine kräftige Rauchentwicklung. Die Dauer des Räucherns hängt von vielen Kleinigkeiten ab, auch von der Witterung. Es kann bis zu zehn Stunden dauern, allein Graham entscheidet, wann ein Lachs aus dem Rauch kommt. Dann wird die zum Anbeißen aussehende Delikatesse gekühlt, geschnitten und verpackt.

Eine Spezialität ist der *Wild Honey Roast Smoked Salmon:* Für den erhielt Graham Roberts vor einigen Jahren die Auszeichnung »Best New Seafood Product in Ireland«. Auch der Graved Lachs, der vor dem Räuchern mit Honig, Salz, Dill und Irish Whiskey mariniert wird, ist vorzüglich. Manchmal hört Graham Roberts von Besuchern seiner Räucherei, dass sie nicht besonders gern Fisch essen. Das ändert sich dann schnell mit dem Probierhappen.

(A/B 4) Ballyconneely, Bunowen Pier, Tel. 095 23739
www.smokehouse.ie *Mo-Fr 9-13, 14-17 Uhr*
Führungen durch das Räucherhaus
von Juni bis August mittwochs um 15 Uhr

Gäste irischer Restaurants warten am Eingang, bis ihnen ein Tisch zugewiesen wird. In einem guten Lokal kann man für ein Drei-Gänge-Menü für zwei Personen mit einem Preis von 100 Euro rechnen. Preiswerter ist es zum Lunch oder beim »pub grub«, dem Tagesgericht in den Pubs. Zu empfehlen sind auch die frühen Angebote, die sogenannten »Early Bird Menus«, die meist zwischen 17 und 19 Uhr serviert werden.

IRLAND

(A/B 4) Ardmore
Cliff House Hotel
Hervorragende Aussicht aufs Wasser, exzellent die Küche des jungen Teams von Chefkoch Martijn Kajuiter mit einem Michelin-Stern. Wenn der Fischer morgens Heilbutt statt Steinbutt im Netz hat, ist das auch in Ordnung, denn Kajuiter, so sagt er, legt sich ungern mit der Natur an.
Tel. 024 87800
www.thecliffhousehotel.com

(D 3) Carrick-on-Shannon
The Oarsman Bar & Café
Gastropub der Spitzenklasse. Man sitzt auf Designersesseln am offenen Feuer. Stout an der Bar unten, Jakobsmuscheln oben. Livemusik inklusive.
Bridge Street
Tel. 071 9621733
www.theoarsman.com

(C/D 6) Cashel
Chez Hans & Café Hans
Seit über 40 Jahren betreibt Hans-Peter Matthiae sein feines Restaurant. Als Vorspeise empfiehlt er Hummer mit Butter, zum Hauptgang Lamm aus Tipperary. Im Café nebenan werden preiswerte Gerichte schon zur Mittagszeit angeboten. Und das Ganze in einem ehemaligen Kirchengebäude – zum Niederknien!
Moor Lane
Tel. 062 61177
www.chezhans.net

(C 7) Cork
Café Paradiso
Denis Cotter gilt als der beste vegetarische Koch Irlands.

Die großen Lettern (C 7) beziehen sich auf die Irland-Karte auf S. 134, die kleinen (d 3) auf den Dublin-Stadtplan auf S. 133

In seinem kleinen Lokal bietet er innovative Gerichte an – und lässt sich immer davon inspirieren, was gerade frisch vom Feld kommt.
16 Lancaster Quay
Tel. 021 4277939
www.cafeparadiso.ie

(E 4/5) Dublin
Eden
Beliebter Klassiker und moderne Küche sind kein Widerspruch, vorzüglich z. B. ist das Beef. Tipp: zum opulenten Sonntagsbrunch kommen.
(d 3) Meeting House Square
Tel. 01 6705372
www.edenrestaurant.ie

Gruel
Hier ist's ziemlich eng, das Publikum jung. Frische und solide Küche, zum Start in den Tag ist das *Taxi driver's giant bacon sandwich* klasse.
(d 3) 68a Dame Street
Tel. 01 6707119
www.gruel.ie

Leo Burdocks
Fish & Chips ganz delikat. Die XXL-Portionen, mit Salz und Essig gewürzt, werden traditionell in Papier gewickelt, die Köstlichkeit gibt es nur auf die Hand. Ein Muss für jeden, der Dublin besucht.
(c 3) 2 Werburgh Street
Tel. 01 4540306
www.burdocks.ie

Queen of Tarts
Wo sonst gibt es einen Laden mit Tarts, Quiches und Törtchen wie von Oma? Die Scones und das braune Buttermilchbrot sind unvergleichlich. Zum Glück kann man schon zum Frühstück kommen.
(d 3) Dame Street
Tel. 01 6707499 und
(a/b) 3-4 Cows Lane
Tel. 01 6334681
www.queenoftarts.ie

Im »Queen of Tarts« in Dublin: Torten wie von Grandma

(E 5) Enniskerry
Ritz-Carlton Powerscourt
Gordon Ramsay, einer der meistbesternten Köche (zwölf Michelin-Sterne weltweit), bietet auch in seiner irischen Dependance feinste Gourmetmenüs an, und natürlich ist auch das Ambiente erstklassig.
Powerscourt Estate
Tel. 01 274 8888
www.gordonramsay.com/dublin

(B/C 4) Galway
Ard Bia at Nimmos
Irische Küche mit einem Hauch Orient: In den kleinen Räumen des alten Hafenmeisterhauses mit bunt zusammengewürfeltem Mobiliar offeriert die Küche geschmortes Connemara-Lamm, Jakobsmuscheln und Ziegenkäsetörtchen. Herzlicher Service.
Long Walk, Tel. 091 561114
www.ardbia.com

(C 5) Killaloe
Cherry Tree Restaurant
Krabben, Salate, Bauernkäse, Bio-Lachs und Atlantik-Heilbutt werden in einer Schauküche frisch zubereitet. Das Restaurant ist höchst idyllisch am Shannon gelegen.
Lakeside (Ostufer)
Tel. 061 375688
www.cherrytreerestaurant.ie

(B 6) Killarney
Miss Courtney's Tearooms
Sandra Dunlea hat die gute alte Zeit in ihrer Teestube erhalten. Verführerische Auswahl an selbst gemachten Törtchen und Sandwiches.
8 College Street
Tel. 087 6109500
www.misscourtneys.com

(C 7) Kinsale
Fishy Fishy
In dem Spitzenrestaurant mit Terrasse sollten Fischliebhaber reservieren. Die Fischer bringen ihren Fang zu Martin und Marie Shanahan direkt in die Küche. Tipp: Shrimpscocktail mit würzigen Saucen, Schellfisch in Bierteig oder Fish Pie.
Pier Side
Tel. 021 4700415
www.fishyfishy.ie

NORDIRLAND

(F 2) Belfast
Deanes
Michael Deane holte den ersten Michelin-Stern nach Belfast. Heute gibt es fünf weitere »Deanes«-Lokale, darunter eine Fischbar und ein Bistro. Irische Küche.
36-40 Howard Street
Tel. 028 90331134
www.michaeldeane.co.uk

The Ginger Bistro
Simon McCance kocht nur mit besten Zutaten aus der Region. Solide Küche im schlichtschönen Ambiente. Belfasts In-Treff.
7-8 Hope Street
Tel. 028 90244421
www.gingerbistro.com

Mourne Seafood Bar Belfast
Der tägliche Fang bestimmt die Karte. Seafood frisch von den Muschelbänken im Carlingford Lough, der Bio-Lachs ist selbst geräuchert.
34-36 Bank Street
Tel. 028 90248544
www.mourneseafood.com

(E 1) Derry/Londonderry
Brown's Restaurant and Champagne Lounge
Ideal für einen Sonntagsbrunch, doch auch für ein üppiges Dinner. Tipp: gegrillte Fermanagh-Hähnchenbrust mit mediterranem Gemüse.
1 Bonds Hill Waterside
Tel. 028 71345180
www.brownsrestaurant.com

MERIAN | GUT GESCHLAFEN

Wie ein alter Malt: mit den Jahren gereift

Rauchige Gemütlichkeit: Das »Bushmills Inn« kann man bei jedem Wetter genießen

Wer »Bushmills« sagt, meint meistens Whiskey. Der hervorragende Brand aus der traditionsreichen nordirischen Destillerie von 1784 ist dem Gasthaus auch nah verwandt: Das »Bushmills Inn« geht auf eine Ausspannstation zurück, die vielleicht schon 1608 existierte – jenes Jahr, in dem in derselben Grafschaft einem Sir Thomas Phillip die erste Lizenz zum Whiskeybrennen gewährt wurde.

Das trutzige Gebäude wirkt wie eine Festung, drinnen ist es verwinkelt. Gediegenes Mobiliar, Holzdielen und -treppen, Torffeuer und Öllampen in Halle, Lounge und Bibliothek schaffen eine urgemütliche Atmosphäre. Aus den Zimmern des Mühlenhauses blickt der Gast auf den River Bush, das Meer ist nur zwei Kilometer entfernt. Bei der Gastfreundlichkeit setzt das Landhotel höchste Maßstäbe und wurde mit vielen Preisen ausgezeichnet.

Die großen Zimmer, Suiten und Juniorsuiten mit Ankleideraum und Bad sind im Cottagestil gehalten, die technische Ausstattung ist auf dem neuesten Stand. Das Hausrestaurant »Taste of Ulster« (Tipp: Pfeffersteak mit

In einer Juniorsuite: himmlische Ruhe garantiert

Whiskey flambiert oder frischer Fisch von der nahen Küste) hat einen Außenbereich für die wärmere Jahreszeit. In der viktorianisch gestalteten »Gas Bar« kann man am Tresen oder im Lehnsessel eine große Auswahl an Getränken genießen.

Das »Bushmills Inn«, in dessen Nähe es mehrere Golfplätze gibt, ist Ausgangspunkt für einen Besuch der langen Strände der Antrim-Küste, von Giant's Causeway, Dunluce Castle, der Hängebrücke Carrick-a-rede und des Badeorts Portstewart.

(E 1) Bushmills (Nordirland), 9 Dunluce Road
Tel. 028 20733000, www.bushmillsinn.com
Doppelzimmer ab 140 £, EZ 98-118 £

IRLAND

(C 7) Cork
Maryborough Hotel & Spa
Ein komfortables Haus in selten schöner Lage. Wer sich nicht entscheiden kann, ob er es lieber modern oder gediegen hat, bucht einfach eine Nacht im Neubau und die nächste im Altbau.
Douglas (5 km südöstlich von Cork), Maryborough Hill
Tel. 021 4365555
www.maryborough.com
DZ ab 130 €

(E 4/5) Dublin
Clarence
Das Hotel, eine der besten Adressen in Dublin, gehört Bono von der Rockband U2, aber die 49 Zimmer und Suiten sind von zurückhaltender Eleganz. Sehr aufmerksamer Service auch im Restaurant.
(d 3) 6-8 Wellington Quay
Tel. 01 4070800
www.theclarence.ie
DZ ab 109 €

Jurys Inn Dublin Hotel Christchurch
Komfortable Zimmer in einem zentrumsnahen Baukomplex zum günstigen Preis. Es gibt Federbetten, Klimaanlage, 26-Zoll-TV, Highspeed-Internet. Gutes Preis-Leistungs-Verhältnis, für Familien bestens geeignet. Wer hier nicht mehr unterkommt, kann es bei den zwei Schwesterhotels in Dublin probieren.
(c 3) Christchurch Place
Tel. 01 4540000
www.jurysinns.com
DZ ab 59 € (weitere »Jurys Inns«: Custom House Quay und Parnell Street)

Morrison
Boutique-Hotel, ausgestattet von John Rocha im Stil »Ost trifft West«, wobei die geräumigen Zimmer unterschiedlich gestaltet sind. Im Sommer bietet der Innenhof eine kleine Oase.
(d 2) Ormond Quay
Tel. 01 8872400
www.morrisonhotel.ie
DZ ab 125 €

(B/C 4) Galway
The Herons Rest B&B
Gemütliches Bed and Breakfast mitten in Galway mit liebevoll eingerichteten Zimmern und Sicht auf die Bucht. Spitze: das Frühstück mit frischen Scones, Pfannkuchen und Tipps für den Tag.
16 The Longwalk
Tel. 091 539574
www.theheronsrest.com
DZ ab 130 €, Winterpause

(B 7) Glengarriff
Glengarriff Park Hotel
Schöne Lage in dem Küstenort, der ein guter Ausgangspunkt zum Ring of Beara, Ring of Kerry und auf die Garteninsel Garinish

Die großen Lettern (C 7) beziehen sich auf die Irland-Karte auf S. 134, die kleinen (d 1) auf den Dublin-Stadtplan auf S. 133

Island ist. Ein Irish Pub ist im Haus.
The Village, Main Road
Tel. 027 63000
www.glengarriffpark.com
DZ ab 80 €

(D 6) Kilkenny
Pembroke Hotel
Boutique-Hotel in bester Innenstadtlage. Bar, Restaurant.
Patrick Street
Tel. 056 7783500
www.kilkennypembrokehotel.com
DZ ab 75 €

(B 6) Killarney
Killarney Lodge
Charmante Vier-Sterne-Lodge unter sehr persönlicher Leitung, zwei Gehminuten vom Zentrum entfernt. Im »Sitting Room« trifft man sich mit anderen Gästen zum Small Talk.
Countess Road
Tel. 064 6636499
www.killarneylodge.net
DZ ab 90 €

(C 7) Kinsale
The White Lady Hotel
Bett, Pub, Club und Restaurant unter einem Dach. Acht Doppelzimmer und zwei Familienzimmer sind modern eingerichtet. Wer Ruhe sucht, ist hier allerdings verkehrt. Zum Haus gehört nämlich ein Nachtklub mit Livemusik.
Tel. 021 4772737
www.whiteladyhotelkinsale.ie
DZ ab 80 €

(C 5) Limerick
Absolute Hotel
In einem sehenswerten Neubau mitten in der City und direkt am Shannon gelegen. Ein warmes Design sorgt für einladende Atmosphäre. Die Zimmer sind großzügig und modern, auch ein Spa gehört zu den Annehmlichkeiten.
Sir Harry's Mall
Tel. 061 463600
www.absolutehotel.com
DZ ab 79 €
(bei Onlinebuchung)

(B 5) Lisdoonvarna
Sheedy's Country House Hotel
Das kleine, feine Vier-Sterne-Hotel strahlt so viel Wärme und Charme aus, wie es nur ein Familienbetrieb vermag. Einladendes Foyer, Rosengarten und ein exzellentes Restaurant mit regionaler Küche.
Tel. 065 7074026
www.sheedys.com
DZ ab 109 €, nur von Apr.-Sept. geöffnet

(C 6) Lismore
Glenribbeen Eco Lodge
Die Frühstückseier kommen von freilaufenden Hühnern aus dem Garten, geheizt wird

mit Solarenergie, das Regenwasser wird aufbereitet. Ein tolles »grünes« B&B – und eine der wenigen irischen Unterkünfte mit dem EU-Ökosiegel. In Kursen wird man in die irische Musik eingeführt.
Glenribbeen
Tel. 058 54499
www.glenribbeen.com
DZ 75 € (Preisnachlass bei 3 Übernachtungen), Apartment ab 350 € die Woche

(B 5) Milltown Malbay
The Armada Hotel
Beste Lage am Rand der schönen Karsthochfläche Burren, die Cliffs of Moher sind nicht weit. Aus der Badewanne in der Suite kann man auf den tosenden Atlantik schauen. Auch wer keine Suite gebucht hat, wohnt in dem modernen Hotel sehr komfortabel.
Spanish Point
Tel. 065 7079000
www.armadahotel.com
DZ ab 110 €

(E 5) Redcross
Kilpatrick House
Stilvolles georgianisches Landhaus aus dem 18. Jh., nur eine Stunde Autofahrt von Dublin entfernt. Von hier aus können die Gäste, die in vier eleganten Zimmern mit alten Möbeln unterkommen, die nahen Wicklow Mountains erkunden.
Tel. 0404 47137
www.kilpatrickhouse.com
DZ ab 90 €

(D 6) Thomastown
Ballyduff House
Kinder sind hier gern gesehen und können sich auf der Farm von Bred gut austoben. Ein großer Park umgibt das 1760 erbaute, herrschaftliche Haus. Die vier Zimmer sind im irischen Landhausstil eingerichtet. Angler nutzen den am Haus vorbeifließenden River Nore, in dem es Forellen und Lachse gibt. Die ideale Unterkunft für einen Familienurlaub.
Tel. 056 7758488
www.ballyduffhouse.com
DZ 100 €

Angekommen: gastfreundliche Bed & Breakfasts in Kinsale

(E 6) Wexford
Killiane Castle
Wer Ferien auf dem Bauernhof machen will, kann bei Jack und Kathleen in den Kuh- und Schafsstall schauen, auf der Wiese das Croquetspiel ausprobieren, aber auch ein Turmhaus aus normannischer Zeit besteigen und Golf oder Tennis spielen. Ein First-Class-Natururlaub bei einer netten Farmerfamilie.
Drinagh (5 km südlich von Wexford)
Tel. 053 9158885
www.killianecastle.com
DZ 100 €, Apartment pro Woche ab 375 €

NORDIRLAND

(E 3) Armagh
Armagh City Hotel
Modernes, angenehmes Hotel mit großzügigen Räumen, Pool, Sauna und Fitnessraum in einer Grünanlage und nahe dem Zentrum der hübschen Stadt mit ihren zwei erzbischöflichen Kathedralen.
2 Friary Road
Tel. 028 37518888
www.armaghcityhotel.com
DZ ab 80 £

(F 1) Ballycastle
Carnately Lodge
Die Wirtsleute umsorgen jeden Gast wie einen guten Freund. Es gibt gemütliche Zimmer – allerdings nur vier. Das Bed and Breakfast liegt ein wenig außerhalb von Ballycastle, ist aber ein idealer Standort für Erkundungen entlang der Antrim Road an der wunderschönen Nordküste.
51 Moyarget Rd
Tel. 028 20768626
www.carnatelylodge.com
DZ ab 50 £

(F 2) Belfast
Old Rectory Guesthouse
Schöner wohnen im Pfarrhaus von 1896, man möchte aus den gemütlichen Zimmern gar nicht wieder raus. Zum Frühstück kann der Gast zwischen neun (!) Menüs wählen.
148 Malone Road
Tel. 028 90667882
www.anoldrectory.co.uk
DZ ab 82 £

Ten Square Hotel
In dem viktorianischen Gebäude südlich der City Hall sind oft auch Popstars zu Gast. Bei der Renovierung des Hauses wurden Feng-Shui-Prinzipien zugrunde gelegt. Ein Trend-Design-Hotel mit perfektem Service.
10 Donegall Square South
Tel. 028 90241001
www.tensquare.co.uk
DZ ab 99 £
Weitere Hotels in Belfast siehe S. 65

(D 3) Enniskillen
Westville Hotel
Warme Farben, dunkles Holz und modernes Design: schickes Boutique-Hotel in Enniskillen, dem Zentrum im Seengebiet des Lough Erne. Das hoteleigene »Terrace Restaurant« hat eine offene Küche, in der Regionales geradezu zelebriert wird.
14-20 Tempo Road
Tel. 028 66320333
www.westvillehotel.co.uk
DZ um 85 £

(E 1) Derry/Londonderry
The Merchant's House
Das klassische Bed and Breakfast! Es nimmt alle vier Etagen eines georgianischen Kaufmannshauses ein und ist mit wertvollen, alten Möbeln großzügig und geschmackvoll ausgestattet. Prächtiger Salon, gediegener Frühstücksraum, Zimmer z. T. mit Kamin und Dusche/WC. Anmeldungen über das dazugehörige, ebenfalls exzellente »Saddler's House«.
16 Queen Street
Tel. 028 71269691
www.thesaddlershouse.com
DZ ab 50 £

Weitere Hotels, Landhäuser und B&Bs finden Sie auf den Seiten 84 bis 89

MERIAN | GOLF

Putten in der Gischt

Nirgends in Irland ist es weiter als 40 km zum nächsten Golfplatz, und oft ist das Meer in der Nähe

Vom Driver zum Sundowner: Galway Bay Golf Club

Volkssport ist Golf in Irland schon lange, das war schon so, als man im Rest der Welt noch Vierstelliges als Eintritt zahlen musste. Entsprechend entspannt ist die Atmosphäre auf den Fairways und Greens und in den Klubs. Irland ist eine Großmacht im Golfsport. Es gibt etwa 450 Plätze, von denen etwa die Hälfte über 18 Löcher verfügt.

Wenn es ein Manko gibt beim Golf in Irland, dann sind es die Reize der Landschaft, die die Spieler ablenken könnten. So mancher Platz ist dem Meer so nahe, dass man die salzigen Sprühtröpfchen der Gischt auf den Lippen spürt. Andere Courses breiten sich auf den großen Liegenschaften stattlicher Herrenhäuser und in Naturparks mit mediterranen Gewächsen aus. Sie ziehen sich an Flüssen und Seen entlang, und manch herausfordernde, spektakuläre Bahn endet auf dem Rand hoher Klippen. Was macht es dem irlandverliebten Golfsportler schon, wenn er immer mal wieder gegen den Wind ankämpfen oder im Nieselregen mit seinem Caddy in Dünen oder am Strand nach Bällen suchen muss? Irgendwann taucht die Sonne die Bahnen wieder in ein goldenes Licht. Plätze rund um Dublin haben den Vorteil, dass man Sightseeing, Kultur und Vergnügen mit seinem Lieblingssport verbinden kann.

Wo nun soll der Gast spielen? Philip Reid, Golfexperte der *Irish Times,* der fast jedes Loch und jede Abschlagstelle irischer Courses kennt, hat eine Favoritenliste von acht Plätzen aufgestellt: Adare Manor (County Limerick), Baltray (Louth), Ballybunion (Kerry), Enniscrone (Sligo), The Island (Dublin), Palmer Ryder Course (Kildare), Narin und Portnoo (Donegal) und Royal Portrush (Antrim). In den meisten Klubs gibt es keinen Zwang zur Mitgliedschaft, man sollte sich aber frühzeitig anmelden. Rascher in persönlichen Kontakt zu irischen Golfspielern kommt man natürlich in kleineren, nicht so renommierten Klubs. Vielen Plätzen sind Golfhotels angeschlossen oder umgekehrt.

Ausführliche Informationen mit Platzbeschreibungen und Preisen in allen Golfregionen Irlands sind zusammengefasst in der 130-seitigen englischsprachigen Broschüre

The Official Golf Guide Jährlich neu von Tourism Ireland, online zu bestellen: www.discoverireland.com/golf www.golfingireland.com, www.golfersguide.ie. Golf-Reiseveranstalter: Irish Golf Tours Ltd, www.irishgolftours.com

Angeln

Wohl 14 000 Kilometer ziehen Flüsse und Bäche durchs Land, und die großen Binnenseen kommen noch hinzu. Petrijünger benötigen in Nordirland einen Angelschein, in der Republik zahlt man nur eine Lizenzgebühr fürs Fischen. In den Binnengewässern gehen Forellen und Karpfen an den Haken, aber auch Atlantiklachs oder Seesaibling, die hier laichen. Vor der West- und Südküste Irlands sind die Sportfischer auf Dorsche und Wolfsbarsche aus, der Blauhai ist einer der begehrtesten Fangfische der Hochseeangler. Wer im Binnenland angeln möchte, geht gern an die irische Seenplatte in den Regionen Westmeath, Longford, Cavan, Monaghan, Clare. Beim Lachsfang sind Schonzeiten sind zu beachten, die sich von See zu Fluss unterscheiden können, worüber die regionalen Touristikbüros Auskunft geben.
www.tourismireland.de
www.angling-in-ireland.com

Radwandern
Ausgewiesene Radwege gibt es nur in touristischen Gebieten wie dem Ring of Kerry, Ring of Beara, Sheeps Head und auf der Halbinsel Dingle. Nicht weniger attraktiv ist der **Kingfisher Trail** (370 km) in Nordirland, beginnend und endend in Enniskillen. Die Route **Belfast to Ballyshannon** (390 km) quer durch Nordirland folgt dem River Lagan, passiert Lough Neagh und führt über Portadown und Enniskillen nach Donegal.
www.discoverireland.ie
www.cycleni.com
www.cycletoursireland.com

Reiten
Pferde können in Reitställen stundenweise gemietet werden, aber man kann auch komplette Reiterferien buchen. Auf »Pony Treks« (geführte Touren hauptsächlich in Connemara, Sligo, Killarney und auf der Dingle-Halbinsel), verbringt man eine Woche im Sattel, das Gepäck wird vom Veranstalter vorausgeschickt. Katja van Leeuwen ist Expertin für Reiterferien, vermittelt aber auch Eselswanderungen in den Wicklow Mountains und den Grafschaften Clare und Galway.
www.reitferien-in-irland.de
Reiterhöfe, Treks: **www.ehi.ie**
www.hiddentrails.com

Wandern in Irland
Es gibt mehr als 30 markierte Fernwanderwege. Eine der kürzesten Routen ist der 26 km lange **Cavan Way** durch das Quellgebiet des Shannon. Er kann mit dem **Leitrim Way** (48 km) und dem **Miner's Way** (128 km) verbunden werden. Einer der populärsten Wanderwege ist der **Dingle Way** (179 km) rings um die spektakuläre Halbinsel an der Westküste.

Nicht nur im Galopp: Ausritt am Strand von Newcastle

Eine Alternative zum beliebten **Ring of Kerry** ist der gut markierte **Beara Way** (120 km) um die Halbinsel, die zur Küste hin flach ist, im Innern jedoch bis zu 700 m hohe Berge zu bieten hat.
Die alten Leinpfade am **Grand Canal** und am **Royal Canal**, auf denen einst Pferde und Maultiere Schiffe zogen, haben fast keine Steigung.
Ein Klassiker ist der **Wicklow Way** durch wunderschöne Gebirgslandschaften von Glendalough nach Aughrim.
Von besonderem Reiz ist das urwüchsige **Connemara,** durch das der Archäologe Gerry MacCloskey und der Guide Brian Hughes von »Connemara Safari« Gruppen führen – inklusive Inselhüpfen.
www.discoverireland.com/walking
www.walkireland.ie
Connemara Safari:
www.walkingconnemara.com

Wandern in Nordirland
Der schönste Fernwanderweg führt rund um Nordirland. Der **Ulster Way** ist etwa 1000 km lang (und ein Grund wiederzukommen), führt u. a. zu den idyllischen Tälern des Küstengebirges, an der Küste entlang und durch das Hochland der Sperrin Mountains.
Der **Coastal Ulster Way** ist der nördlichste und landschaftlich aufregendste Abschnitt.
www.walkni.com

Wassersport
Kanufahren, Segeln, Tauchen, Wasserski – auf Irlands Gewässern ist viel Platz. Surfer haben die Strände von Donegal, Doolin, Strandhill und Rossnowlagh entdeckt, an der Westküste ist ganzjährig mit ein bis vier Meter hohen Wellen zu rechnen.
www.discoverireland.ie
www.outdoorni.com
www.surfspot.de
Urlaub mit dem Hausboot durch die Binnengewässer Irlands s. S. 108.
www.boatholidaysireland.com
www.iwai.ie

Mit dem Zigeunerwagen
Die meisten der farbenfrohen »Tonnen« sind mit zwei Doppelbetten (tagsüber Tisch und Bank), Gaskocher und Waschbecken ausgestattet. Die gründliche Einweisung ins Kutschieren erhält man vom Anbieter. Es gibt fünf Zigeunerwagen-Anbieter in den Counties Wicklow, Laois, Galway, Mayo und Kerry.
www.horsedrawncaravans.com
www.irishhorsedrawncaravans.com

MERIAN | MOBIL

Urlaub mit dem Wohnmobil »Gottgütiger, Sie wollen mit einem Camper fahren?« Der Dubliner Taxifahrer glaubt es kaum. Tatsächlich, das »Mini-Wohnhaus auf Rädern« (mit WC, Dusche, Herd mit Backofen, Kühlschrank, Etagenbetten und kuscheligen Sitzbänken) sieht ganz schön groß aus. Die ersten Kilometer fühlen sich an wie die erste Fahrstunde. Die Straßen sind eng und kurvig, 100 km dauern viel länger, als man es gewohnt ist. Doch David vom Bunk-Campers-Team hatte ruhig und nett alles erklärt. Und als die Atlantikküste in Sicht kommt und ich einen phantastischen Platz direkt am Meer gefunden habe, ist der Urlaub perfekt. Das Beste ist der Sonnenuntergang zum Einschlafen: Auch wenn es eben noch geschüttet hat wie aus Kübeln, zum Abend scheint die Sonne immer – durch die Frontscheibe direkt in mein Mini-Haus.
Bunk Campers, Leihstationen in Belfast und Dublin
Tel. 028 90755746, www.bunkcampers.com
Wohnmobil für zwei Pers. ab 65 € am Tag, für bis zu sechs Pers. ab 120 € pro Tag; Mindestalter: 21 Jahre

wie in Mitteleuropa und teurer als die Busse. Der Dubliner Nahverkehr ist gut ausgebaut. **Dublin Area Rapid Transport** (DART) fährt auch in die nahegelegenen Küstenorte wie Howth oder Bray.

ZAHLUNGSMITTEL

In der Republik Irland gilt der Euro, in Nordirland das britische Pfund Sterling (£). Nordirische Banken geben eigene Geldscheine heraus, sodass man manchmal über unterschiedliche Banknoten desselben Werts verfügt. Kurs: 1 £ = knapp 1,20 €, 1 € = 0,85 £.

GESUNDHEIT

Die deutschen gesetzlichen Krankenkassen stellen auf Anforderung die persönliche European Health Insurance Card (EHIC) aus. Eine Auslandsreisekrankenversicherung wird für Sonderleistungen wie Rücktransporte benötigt.

TELEFON

Vorwahl Republik Irland: 00353, Nordirland (Vereinigtes Königreich): 0044.

Ambulanz, Feuer, Polizei: 999 oder 112.

PRAKTISCHES

Zeit

In Irland gilt die Greenwich Mean Time (GMT). Man stellt die Uhr um eine Stunde zurück. Mit Beginn der Sommerzeit (Ende März) werden die Uhren auch in Irland um eine Stunde vor-, Ende Oktober wieder zurückgestellt.

Umrechnungen

Irland hat zwar das metrische System übernommen, aber es wird noch nicht überall konsequent angewendet.

1 Kilometer = 0,62 Meilen
1 Meile = 1,61 Kilometer
1 Liter = 0,22 Gallonen
1 Gallone = 4,55 Liter
1 pint = 0,57 Liter
1 pound = 0,454 Kilogramm
1 Kilogramm = 2⅕ pounds

Stromspannung

220 Volt in Irland, 240 Volt in Nordirland, unproblematisch also für mitgebrachte Elektrogeräte. Doch häufig ist ein dreipoliger Adapter nowendig. Erhältlich am Flughafen und in Elektrogeschäften.

MERIAN | IN 20 SEKUNDEN SCHLAUER

Irisch (Gälisch) ist die erste Amtssprache, Englisch die zweite. Aber gerade mal **40** Prozent der Iren behaupten, Irisch zu beherrschen. Durch Hungersnot und Auswanderung sank die Bevölkerung im 19. Jh. von **8** auf **unter 5 Millionen** – der alte Stand wurde nie wieder erreicht. Irland ist das erfolgreichste Land beim Eurovison Song Contest: **7** Erstplatzierungen. An der Spitze der Republik Irland standen seit 1990 **2** Frauen: die Präsidentinnen Mary Robinson (1990-97) und Mary McAleese (seit 1997).

Rauchverbot

Tabakgenuss ist in allen öffentlichen Gebäuden und Verkehrsmitteln, in Banken, Geschäften, Hotels, B&B (außer es gibt Raucherzimmer), Restaurants und Pubs in Irland und Nordirland verboten. Wer sich über das Rauchverbot hinwegsetzt, riskiert drakonische Geldstrafen (bis zu 3000 Euro).

MERIAN | ZEITLEISTE

1994-2007: des keltischen … Steuern ziehen …hmen aus USA …and ab. Durch…es Wirtschafts…on 7% pro Jahr

2007: Der Bürgerkrieg in Nordirland ist zu Ende. In Nordirland …iert eine Koalition aus (protestantischen) Unionisten und (katholischen) Republikanern

2008: Finanz- und Bankenkrise: Irland rutscht in eine tiefe Rezession, bis 2010 verdreifacht sich die Arbeitslosenquote

2010: Der britische Premierminister David Cameron bittet für den »Blutsonntag« am 30. Jan. 1972 in Derry um Verzeihung

MERIAN | MAUSKLICK

Für alle Fragen rund um die Grüne Insel sind die Websites der irischen Tourismuszentrale **www.discoverireland.com** und **www.discovernorthernireland.com** sehr hilfreich. Für die Städte Dublin und Belfast lohnt sich ein Besuch bei **www.visitdublin.com** und **www.gotobelfast.com.** Die Site **www.irish-net.de** bietet neben einem Irlandlexikon auch eine gute Datenbank zu Ferienhäusern und Sehenswürdigkeiten. Hinter **www.irland-journal.de** stehen Experten, die sich seit 1983 mit fast allen irischen, vor allem touristischen, volkskundlichen und musikalischen Belangen beschäftigen und das Spezialreisebüro Gaeltacht betreiben. Die umfassende Tochterseiten der Irish Times **www.ireland.com** gibt aktuelle Tipps zu Themen wie Ausgehen, Sport, Reise und Wetter. Als Einstimmung auf die Naturschönheiten und Geschichte der Insel ist **www.irlandmediathek.de** gut geeignet. Touristische Informationen und Neuigkeiten aus Irland bietet **www.irland-reise.org** an. Vor allem dem Wandern verschrieben hat sich **www.irland-wandern.de.** Im Blog dieser Adresse gibt es viele aktuelle Nachrichten. Auch **www.irelandman.de** hält fast täglich Neues bereit. Leben in Irland, früher und heute, ist auf **www.blog-for-ireland.blogspot.com** zu finden.

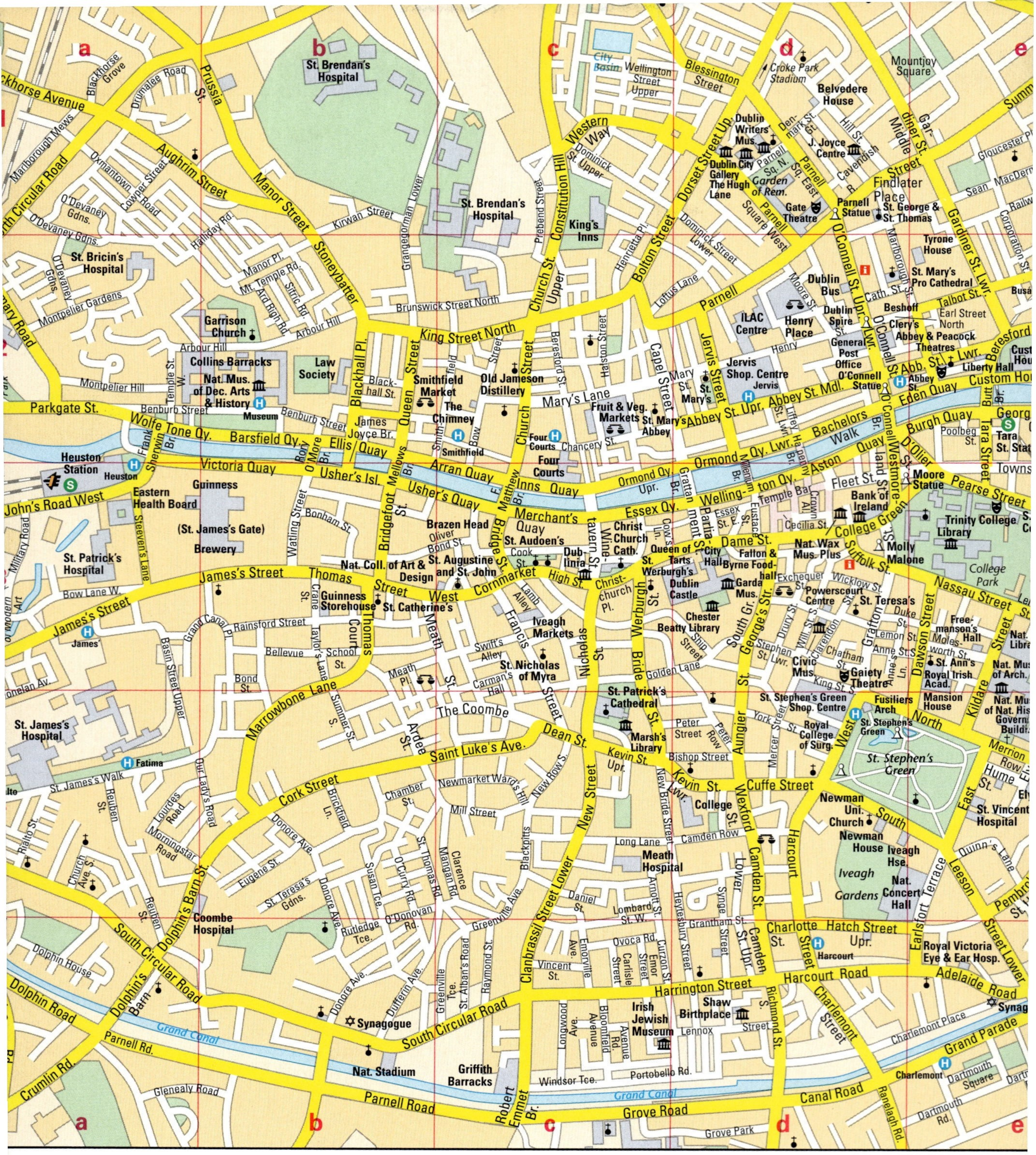

St. Brendan's Hospital
Manor Street
Stoneybatter
Prussia St.
Aughrim Street
North Circular Road
St. Bricin's Hospital
Garrison Church
Collins Barracks
Nat. Mus. of Dec. Arts & History
Museum
Law Society
Parkgate St.
Wolfe Tone Qy.
Barsfield Qy.
Ellis Quay
Heuston Station
Heuston
Victoria Quay
Usher's Isl.
Usher's Quay
Arran Quay
Inns Quay
Four Courts
Ormond Qy. Upr.
Ormond Qy. Lwr.
Bachelors Walk
Eden Quay
Burgh Quay
Custom House
Guinness
Eastern Health Board
(St. James's Gate)
Brewery
St. Patrick's Hospital
James's Street
Thomas Street
Guinness Storehouse
St. Catherine's
Nat. Coll. of Art & Design
St. Augustine and St. John
Cornmarket
High St.
Christ Church Cath.
Dublinia
Dublin Castle
Chester Beatty Library
City Hall
Dame St.
Bank of Ireland
Trinity College
Trinity College Library
College Green
Temple Bar
Nat. Wax Mus. Plus
Molly Malone
Nassau Street
Powerscourt Centre
St. Teresa's
Grafton St.
Dawson Street
Gaiety Theatre
St. Stephen's Green Shop. Centre
Royal College of Surg.
St. Stephen's Green
Fusiliers Arch
Mansion House
Nat. Mus. of Arch.
Nat. Mus. of Nat. Hist.
Government Buildings
Iveagh Markets
St. Nicholas of Myra
The Coombe
St. Patrick's Cathedral
Marsh's Library
Dean St.
Kevin St.
Cuffe Street
Aungier St.
Newman Uni. Church
Newman House
Iveagh Hse.
Iveagh Gardens
Nat. Concert Hall
St. Vincent Hospital
Meath Hospital
Harcourt Street
Harcourt Road
Harrington Street
Charlotte St.
Hatch Street Upr.
Adelaide Road
Royal Victoria Eye & Ear Hosp.
Irish Jewish Museum
Shaw Birthplace
South Circular Road
Synagogue
Nat. Stadium
Griffith Barracks
Grand Canal
Parnell Road
Grove Road
Canal Road
Coombe Hospital
St. James's Hospital
Fatima
Cork Street
Dolphin Road
Crumlin Rd.
Dublin Writers Mus.
Dublin City Gallery The Hugh Lane
Garden of Rem.
Gate Theatre
Parnell Square
Croke Park Stadium
Belvedere House
J. Joyce Centre
Mountjoy Square
Findlater Place
Parnell Statue
St. George & St. Thomas
Tyrone House
St. Mary's Pro Cathedral
Dublin Bus
Dublin Spire
General Post Office
O'Connell Statue
O'Connell St. Lwr.
ILAC Centre
Henry Place
Jervis Shop. Centre
Clery's
Abbey & Peacock Theatres
Abbey St.
Liberty Hall
Talbot St.
Gardiner St. Lwr.
King's Inns
Bolton Street
Dorset Street Up.
Capel Street
Mary's Lane
Fruit & Veg. Markets
St. Mary's Abbey
Smithfield Market
The Chimney
Old Jameson Distillery
King Street North
Church St.
Constitution Hill
City Basin
Blessington Street
Moore Statue
Pearse Street
Tara St. Station

INFORMATIONEN

Tourism Ireland ist als Fremdenverkehrsamt für die Republik Irland und für Nordirland zuständig und hat eine Reihe hervorragender Broschüren über einzelne Regionen und zu vielen verschiedenen Reisethemen, wie etwa Golf oder Wandern, herausgegeben. Der allgemeine Katalog »Lass dich von Irland mitreißen« ist für praktische Tipps fast unentbehrlich.

Tourism Ireland
Gutleutstraße 32
60329 Frankfurt am Main
Tel. 069 66800950
Beratung Mo-Fr 11-17 Uhr
www.entdeckeirland.de
www.discoverireland.com

ANREISE

Mit dem Flugzeug

Die irische Fluggesellschaft Aer Lingus bietet 53 Direktflüge von Hamburg, Berlin, Düsseldorf, Frankfurt und München nach Dublin sowie von München nach Cork an.
Aer Lingus
Tel. 01805 133209 (12 Cent/Min. aus dem deutschen Festnetz), www.aerlingus.com

Alles erlaubt außer Autos: Dublins Temple Bar-Viertel

Mit Auto und Fähre

Wer mit dem Auto nach Irland will, muss erst den Ärmelkanal über- oder unterwinden. Das geht mit Fährverbindungen nach Großbritannien wie Calais–Dover (www.poferries.com) oder Hoek van Holland–Harwich (www.stenaline.de) oder durch den Eurotunnel Calais–Folkestone. Wer ein bisschen mehr von der Seereise haben will, fährt am besten vom Zeebrugge/Rotterdam nach Hull. Weiter geht es dann über die Fähren Pembroke–Rosslare im Süden oder Holyhead–Dublin (www.irlandfaehre.de).

Weitere Verbindungen in der Broschüre »Lass dich von Irland mitreißen« (www.entdeckeirland.de).

UNTERWEGS

Mit dem Auto

In Irland wird links gefahren. Höchstgeschwindigkeiten:
Innerorts: Irland 50 km/h, Nordirland 48 km/h(30 mph)
Regionalstraßen: 80 km/h
Überlandstraßen: 100 km/h, Nordirland 96 km/h (60 mph)
Autobahnen: 120 km/h, Nordirland 112 km/h (70 mph).
Viele Straßen sind sehr schmal und kurvig.

Achtung: Auf dem Land kreuzen nicht selten Weidetiere die Fahrbahn. Die nordirischen Straßen sind besser als in der Republik.
Pannendienst in Irland:
Automobile Association (AA)
Tel. (01) 6179999
RAC Motoring Service
Tel. (01) 4125500
Pannendienst in Nordirland:
Automobile Association (AA)
Tel. 0800 887766
RAC Motoring Service
Tel. 0800 828282

Mit Bus und Bahn

Das staatliche Busunternehmen **Bus Éireann** unterhält ein dichtes Überland-Liniennetz **(www.buseireann.ie)**. **Irish Rover** verbindet Dublin z. B. mit Belfast, Cork, Galway, Limerick und Waterford. Das **Explorer Ticket** macht unbegrenztes Reisen mit Bus und Bahn möglich, z. B. an acht von 15 Tagen für 210 €. Das **Irish Rambler Busticket** bietet Fahrten z. B. an drei von acht Tagen für 73 € an. In Nordirland empfiehlt sich eine Tageskarte für Bahn und Bus um die 15 £ oder ein Dreitagesticket für 36 £. Die Eisenbahn ist nicht so bedeutend

---

zum
nen
che
um
gnet

Staatsrechtlicher Zusammenschluss im »Vereinigten Königreich von Großbritannien und Irland«

Die Briten schlagen den »Osteraufstand« in Dublin nieder (siehe Kasten)

Großbritannien entsendet Truppen nach Nordirland. Bis 2005 kommen im Bürgerkrieg, den »Troubles«, 3700 Menschen ums Leben

reg

rzte katholische engli-
Jakob II. kämpft gegen
achfolger Wilhelm von
d verliert die Schlacht
ie. Nordirische Protes-
anier«) feiern den Sieg
nit Paraden am 12. Juli

Die Kartoffelfäule führt zur »Großen Hungersnot«. Mehr als eine Million Iren sterben, eine weitere Million wandert aus

Der »Irische Freistaat« wird ausgerufen. Die mehrheitlich protestantischen Grafschaften bleiben beim Vereinigten Königreich

»Sprung
Tigers«: Niedrige
Unterne
und EU nach Ir
schnittlich
wachstum v

... F 1
... F 1
... A 6
... F 2
.. D 2
.. B 5
E 4/5
.. B 3
.. D 6
.. E 5
.. D 3
B 4/5
.. B 5
B/C 4
... F 1

Glenarm ..... F 2
Glengarriff ..... B 7
Howth ..... E 4
Kells ..... E 4
Kenmare ..... B 7
Kilfenora ..... B 5
Kilkenny ..... D 6
Killaloe ..... C 5
Killarney ..... B 6
Kinsale ..... C 7
Kinvara ..... C 4/5
Limerick ..... C 5
Lisdoonvarna ..... B 5
Londonderry (Derry) ..... E 1
Monasterevin ..... D 5

Murrisk ..... B 3
New Ross ..... D/E 6
Omagh ..... D/E 2
Portaferry ..... F 3
Portrush ..... E 1
Portstewart ..... E 1
Rosslare ..... E 6
Shannonbridge ..... D 4
Sligo ..... C 3
Tipperary ..... C 6
Tullamore ..... D 4
Waterford ..... D 6
Westport ..... B 3
Wexford ..... E 6
Wicklow ..... E/F 5

C
D
E
F
1
2
3
4
5
6
Nord-
Irland
Atlantischer
Ozean
Irische
See
North Channel
St. George's Channel
Kintyre
Campbeltown
Machrihanish
Southend
Mull of Kintyre
Rathlin I.
Malin Head
Inishtrahull
Tory I.
Fanad Head
Fanad
Bloody Foreland Head
Dunfanaghy
Inishowen
Culdaff
Carndonagh
Slieve Snaght
615
Moville
Inishowen Head
Dunluce Castle
Giant's Causeway
Portstewart
Portrush
Bushmills
Ballintoy
Carrick-a-rede
Ballycastle
Coleraine
Benvarden Gardens
Limavady
Ballymoney
Cushendun
Red Bay
Cushendall
Glenariff or Waterfoot
Ossian's Grave
550
Clogh Mills
Carnlough
Glenarm
Larne
Island Magee
Whitehead
Carrickfergus
Belfast Lough
Bangor
Donaghadee
Newtownards
Holywood
BELFAST
Lisburn
Comber
Mt. Stewart Gardens
Greyabbey
Ards Peninsula
Portavogie
Strangford
Portaferry
Jordan's Castle
Ardglass
St. John's Point
Downpatrick
Saul
Newcastle
Slieve Donard
852
Mourne Mts.
Dundrum Bay
Rostrevor
Kilkeel
Carlingford Lough
Warrenpoint
Newry
Dundalk
Dundalk Bay
Castlebellingham
Ardee
Louth
Drogheda
Termonfeckin
Clogherhead
Monasterboice
Mellifont Abbey
Slane
Newgrange
Navan
Hill of Tara
Trim
Meath
Balbriggan
Skerries
Rush
Lusk
Swords
Malahide
Howth
DUBLIN
Dún Laoghaire
Sandycove
Lucan
Maynooth
Leixlip
Clondalkin
Russborough House
Bray
Enniskerry
Powerscourt
Greystones
Poulaphouca Res.
602
Hollywood
Wicklow Mts. Nat. Park
Glendalough
Lugnaquillia Mt.
926
Laragh
Ashford
Mt. Usher Gardens
Rathnew
Wicklow
Wicklow Head
Rathdrum
Aughrim
Redcross
Tinahely
Arklow
Croghan Mt.
607
Gorey
Courtown
Cahore Point
Enniscorthy
Blackwater
Wexford
Curracloe Beach
Rosslare
Rosslare Harbour
Carnsore Point
Kilmore Quay
Saltee Islands
Hook Head
Dunmore East
Tramore
Waterford
Dunbrody Abbey
Arthurstown
Duncannon
New Ross
Irish Nat. Heritage Park
Wellington Bridge
Carlow
Tullow
Bagenalstown
Altamont Garden
Clonegal
Bunclody
Leinster Mt.
793
Kilkenny
Dunmore Caves
Thomastown
Jerpoint Abbey
Graiguenamanagh
Callan
Kilkenny
Laois
Portlaoise
Mountrath
Abbeyleix
Durrow
Kildare
Naas
Newbridge
Kilcullen
Athy
Monasterevin
Portarlington
Offaly
Tullamore
Clara
Kilbeggan
Edenderry
Mullingar
Westmeath
Athlone
Moate
Longford
Long-ford
Granard
Cavan
Virginia
Kingscourt
Carrickmacross
Monaghan
Castleblayney
Clones
Cootehill
Ballybay
Armagh
Navan Fort
Portadown
Tandragee
Banbridge
Dromore
Lurgan
Markethill
Newtownhamilton
Crossmaglen
Enniskillen
Castle Coole
Lisnaskea
Fivemiletown
Aughnacloy
Dungannon
Ballygawley
Omagh
Ulster American Folk Park
Mullaghcarn
542
Newtownstewart
Gortin
Plumbridge
Cranagh
Sperrin Mts.
678
Castlederg
Strabane
Lifford
Dunnamanagh
Claudy
Dungiven
LONDONDERRY (DERRY)
Eglinton
Lough Foyle
Muff
Buncrana
Fahan
Grianan of Aileach
Quigley's Point
Mussenden Temple
Castlerock
Maghera
Magherafelt
Kilrea
Portglenone
Ballymena
Broughshane
Randalstown
Antrim
Ballyclare
Castledawson
Moneymore
Cookstown
Ardboe
Lough Neagh
Coalisland
Crumlin
Tobermore
Donegal
Letterkenny
Rathmelton
Milford
Rathmullan
Carrigart
Portsalon
Creeslough
Glenveagh National Park
Slieve Snaght
683
Crolly
Burtonport
Aran Island
Dungloe
Gweebarra Bay
Fintown
Glenties
Ardara
Glencolumbkille
Folk Village
Rossan Point
Glengesh Pass
Slieve League
601
Teelin
Killybegs
Blue Stack Mts.
672
Stranorlar
Ballybofey
Donegal Bay
Lough Derg
Rossnowlagh
Pettigoe
Kesh
Irvinestown
Ballyshannon
Bundoran
Belleek
Inishmurray
Creevykeel
Dartry Mts.
644
Carney
Drumcliff
Rosses Point
Sligo
Sligo Bay
Strandhill
Manorhamilton
Belcoo
Florence Court
Swanlinbar
Crom Castle
Newtownbutler
Belturbet
Ballyconnell
Killashandra
Leitrim
Drumshanbo
Ballinamore
Carrick-on-Shannon
Mohill
Dowra
Drumkeeran
Lough Allen
Keadew
Boyle
Elphin
Strokestown
Roscommon
Castlerea
Tulsk
Lanesborough
Ballymahon
Lough Ree
Athlone
Ballinasloe
Clonmacnoise
Shannonbridge
Ferbane
Banagher
Birr
Portumna
Kinnitty
Slieve Gamph or Ox Mts.
343
Ballysadare
Tobercurry
Gorteen
Ballymote
Charlestown
Swinford
Foxford
Pontoon
Ballina
Easky
Enniscrone
Killala Bay
Ballycastle
Turlough
Kiltimagh
Knock
Ballaghaderreen
Frenchpark
Ballintubber Abbey
Claremorris
Ballyhaunis
Ballinrobe
Ballymoe
Dunmore
Glennamaddy
Tuam
Cong
Kilmaine
Ashford Castle
Ross Abbey
Headford
Mount Bellew
Ballyforan
Monivea
Galway
Oranmore
Athenry
Craughwell
Turoe Stone
Loughrea
Barna
Clarinbridge
Kilcolgan
Ardrahan
Kinvara
Gort
The Burren
Derrybrien
Corofin
Ennis
Quin Abbey
Tulla
Scarriff
Lough Derg
Inis Cealtra
Mountshannon
Borrisokane
Nenagh
Roscrea
Killaloe
Broadford
Kilmurry
Folk Park
Bunratty Castle
Newmarket on Fergus
Shannon Airport
LIMERICK
Newport
693
Dolla
Moneygall
Templemore
Thurles
Holy Cross
Urlingford
Freshford
Rathdowney
Limerick
Adare
Croom
Donohill
Hospital
Cashel
Rock of Cashel
Killenaule
Fethard
Tipperary
Kilmallock
Charleville
Kilcolman Castle
Kildorrery
Buttevant
Kanturk
Mallow
Annes Grove
Castletownroche
Fermoy
Mitchelstown
Cahir
Clonmel
Carrick-on-Suir
Clogheen
Knockmealdown Mountains
789
Lismore
Cappoquin
Tallow
Waterford
Dungarvan
Dungarvan Harbour
Helvick Head
Youghal
Youghal Bay
Ardmore
Midleton
Cobh
Cork
CORK
Blarney
Coachford
Bandon
Ringaskiddy
Whitegate
Crosshaven
Ballycotton
Kinsale
Timoleague
Old Head of Kinsale
Roscoff
Swansea
Roscoff Cherbourg
Holyhead/Liverpool
Douglas
Douglas Liverpool
Stranraer
Cairnryan
Atlantischer Ozean
Hebriden
Groß-
britannien
Nord-see
Nord-Irland
Irland
Belfast
Cairnryan
Stranraer
Newcastle
Dublin
Dún Laoghaire
Holyhead
Hull
Liverpool
Cork
Rosslare
Fishguard
Pembroke
Swansea
Harwich
London
Folkestone
Dover
Calais
Portsmouth
Newhaven
Plymouth
Cherbourg
Dieppe
Roscoff
St. Malo
Frankreich
NL
B
Milford Haven
Neyland
N1
N2
N3
N4
N5
N11
N15
N16
N17
N20
N24
N25
N52
N59
N60
N61
N62
M1
M2
M4
M6
M7
M8
M9
M11
M22
M50
A1
A2
A4
A5
A6
A8
A24
A26
A37
A83
A509

MERIAN | RÜCKBLICK

Am Anfang war der Osteraufstand

In den letzten Apriltagen 1916 scheiterte ein chaotisch geplanter Aufstand irischer Milizen gegen die englische Herrschaft dramatisch. Aber er war der Auftakt zur Erlangung der Freiheit Irlands

Barrikaden aus Salonmobiliar in einer Innenstadtstraße

Die Bevölkerung zog nicht mit. Vor dem Dubliner Hauptpostamt in der Sackville Street (heute O'Connell Street) verlas Patrick Pearse, Anführer der »Irish Republican Brotherhood«, eine Proklamation zur Unabhängigkeit Irlands. Doch die Menge zeigte sich verwirrt und höhnte sogar. Ein Schlag ins Gesicht der Rebellen. Die ließen sich nicht beirren, besetzten strategisch wichtige Gebäude der Stadt und verschanzten sich in der Hauptpost. Für eine Attacke auf Dublin Castle, die Zentrale der englischen Herrschaft, fühlten sich die gut 1000 Mann vorläufig nicht stark genug. Sie rekrutierten sich nicht nur aus Pearses kleiner, straff organisierter »Brotherhood«, sondern auch aus James Connollys sozialistischer »Citizen Army« und dem breiten katholischen Schutzbündnis »Irish Volunteers«.

Zwar hofften viele Iren auf das 1912 vom britischen Unterhaus verabschiedete »Home Rule«-Gesetz, das ihnen nach dem Weltkrieg mehr Freiheiten bringen sollte. Aber nun, im April 1916, schien die Möglichkeit zum Greifen nahe, mehr zu erringen als die zugesagte bescheidene Selbstverwaltung unter Londoner Aufsicht. Die britischen Kräfte waren im Krieg gebunden, von Deutschland erhofften die Aufständischen sich Waffen. Sechsmal hatten sich die Iren in dreihundert Jahren schon erhoben. Auch auf den siebten Versuch reagierten die Briten hart, mit Artillerie und sogar mit Beschuss durch Kriegsschiffe zerstörten sie ganze Straßenzüge Dublins. Fünf Tage lang hielten die Rebellen die Stellung. Am Sonnabend nach Ostern mussten Pearse und Connolly kapitulieren.

Am Ende wurden 318 Tote auf irischer, 132 auf englischer Seite gezählt. 90 Iren wurden zum Tode verurteilt, die 15 Anführer im Eilverfahren hingerichtet, darunter auch der schwer verwundete Connolly, der auf einem Stuhl gefesselt erschossen wurde, da er nicht stehen konnte.

Erst durch die Exekutionen und massenhaften Inhaftierungen kippte die Stimmung. Die Mehrheit der Iren war empört über das Vorgehen der Briten. Revolutionäre Gedanken fanden jetzt fruchtbaren Boden – der Osteraufstand hatte doch noch alles verändert. 1922 gewann der Südteil Irlands endlich die Unabhängigkeit.

MERIAN | ZEITLEISTE

3500 v. Chr. Erste große Steingräber werden in Newgrange, Knowth, Dowth, Carrowkeel und Loughcrow errichtet

um 500 v. Chr. Kelten bringen die gälische Kultur und Sprache auf die Insel. Tara wird Herrschafts- und Kulturzentrum

445 n. Chr. Der Missionar Patrick legt in Armagh den Grundstein seiner ersten Kirche

795 n. Chr. Erste Invasion der Wikinger. Sie plündern irische Klöster; aus ihren Stützpunkten werden die Städte Dublin, Waterford, Wexford und Wicklow (Vikinglow) entstehen

1014 Schlacht von Clontarf: Der Hochkönig BrianBorú besiegt ein großes Heer der Wikinger. Deren Macht ist damit in Irland gebrochen

1169/1172 Heinrich II., Normanne und englischer König, lässt Teile des Landes erobern. Beginn des Konflikts zwischen Iren und Engländern

Heinrich VIII. lässt s König von Irland e und holt protest Siedler ins Land. Klö Dublin werden e

Der sche Kö sein Orani am tanten bis he

REISEFÜHRER

MERIAN live! Irland und Nordirland
Werner Skrentny, Travel House Media 2008, 128 S., 9,95 € Die Sehenswürdigkeiten der Städte, die schönsten Ziele im Land: ausgesuchte Tipps, prägnant und informativ, guter Kartenteil.

MERIAN live! Dublin
Werner Skrentny, Travel House Media 2010, 128 S., 9,95 € Neben den Highlights präsentiert der handliche Stadtführer auch die weniger bekannten Seiten der irischen Hauptstadt.

Auf den Spuren von St. Patrick
Alf McCreary, Erlenbusch 2007, 128 S., 13,80 € Ein Reiseführer der anderen Art: An den wichtigsten Wirkungsorten des Nationalheiligen erschließt sich die Geschichte des Landes – und ihr lebendiges Fortwirken bis in den heutigen irischen Alltag.

Irland
Ralph-Raymond Braun, Michael Müller 2009, 864 S., 24,90 € Von Botanik über Geschichte, Literatur und Küche bis zu detaillierten Orts- und Landschaftsbeschreibungen: durchaus ein Standardwerk.

Literarischer Führer Irland
Hermann Rasche und Harald Raykowski, Insel 2010, 190 S., 14 € Alphabetisch nach Orten gegliedert, von Achill Island bis Youghal, informiert dieser Führer über Lebens- und Reisestationen berühmter Autoren wie James Joyce, Samuel Beckett, George Bernard Shaw und Oscar Wilde.

Lonely Planet Irland
Fionn Davenport, Catherine Le Nevez u. a., MairDuMont 2010, 824 S., 24,95 € Kompakte Information, von fünf Autoren recherchiert. Mit über 1500 Tipps für Hotels, Restaurants, Touren, Kultur.

Nordirland
Erlenbusch 2006, 9,80 €; Westflügel 2006, 12,90 € Zwei sehr faktenreiche Ergänzungen zu den »großen« Irland-Führern.

Wandern in Irland
Andreas Stieglitz, DuMont Aktiv 2009, 156 S., 12 € 35 Touren mit detaillierten Wegbeschreibungen – von Zwei-Stunden-Ausflügen bis zu Ganztagestouren.

LITERATUR

Die redselige Insel
Hugo Hamilton, Sammlung Luchterhand 2007, 160 S., 8 € Hamilton begab sich 50 Jahre nach Bölls »Irischem Tagebuch« auf dessen Spuren, beschreibt, was blieb, und entdeckt gleichermaßen ironisch wie nachdenklich eine Gegenwart jenseits aller Klischees.

Gebrauchsanweisung für Irland
Ralf Sotscheck, Piper 2010, 214 S., 14,95 € Amüsante Einstiegslektüre von einem Insider, der die Iren dem Leser augenzwinkernd und kenntnisreich näherbringt.

In search of the Craic: One Man's Pub Crawl through Irish Music
Colin Irwin, Andre Deutsch 2010, 320 S., ca. 12 € »Craic« bedeutet in Irland so viel wie »Vergnügen«, am besten mit Freunden, Bier und Musik. Der Musikjournalist Irwin hat sich auf die Suche nach dem »craic« gemacht. Urkomisch.

Ein Jahr in Dublin
Jeannette Villachica, Herder 2008, 192 S., 12,95 € Vom Shoppingwahn und Immobilienirrsinn, von den Tücken des Busfahrens, der Herzlichkeit und Feierlaune der Iren. Absolut erfrischend.

Liebe und Sommer
William Trevor, Hoffmann und Campe 2009, 220 S., 20 € Der irische Altmeister erzählt die Liebesgeschichte des Fotografen Florian Kilderry und der Farmersfrau Ellie Dillahan. Die Geschichte spielt Ende der fünfziger Jahre und ist alles andere als eine gewöhnliche Liebesgeschichte.

Mein irisches Tagebuch
Ralph Giordano, KiWi Paperback 2007, 496 S., 9,95 € Eine poetische Hymne auf Landschaften und Menschen, gepaart mit analytischem Sinn. Der Irland-Liebhaber und aufmerksame Beobachter lässt kaum eine Gegend der Insel aus.

Ulysses
James Joyce, Suhrkamp 2006, 986 S., 12,50 € Der Roman beschreibt die Ereignisse eines Tages und einer Nacht: den 16. Juni 1904 im Leben von Leopold Bloom. Mit dieser faszinierenden Odyssee treibt Joyce seine Leser gleichsam durch Dublin.

ZEITSCHRIFTEN

Irland Journal
Christian Ludwig Verlag Moers, 4-mal jährlich, Jahresabo 25 € Seit 1990 beschäftigt sich das Journal engagiert, liebevoll, doch ebenso kritisch mit allen Ereignissen und Lebensbereichen in Irland. Besonders gute, ausführliche Informationen über Musik.

Irland Edition
Medien Service Deiters Wehrheim, zweimonatlich, Einzelausgabe 5,90 €, Jahresabo 30 € Geschichten, Reportagen und Informationen von der Grünen Insel.

FILME

Absolut sehenswert: **Die Commitments** (1991) von Alan Parker, **Fish & Chips** (1996) und **The Snapper – Hilfe, ein Baby** (1993) von Stephen Frears, **Lang lebe Ned Devine!** (1998) von Kirk Jones sowie die beiden Filme des irischen Regisseurs Neil Jordan **Michael Collins** (1996) und **Ondine – das Mädchen aus dem Meer** (2009).

MUSIK

O
Damien Rice, Raft (Warner) 2003, Doppel-CD, ca. 20 € Ruhiger, introvertierter Singer und Songwriter, über den der *Spiegel* schrieb, er sei der »Godfather der Melancholie«.

Once
Glen Hansard, Markéta Irglová, Once Soundtrack, Sony Music 2007, ca. 10 € Die Musik zum Film, der die Geschichte eines Straßenmusikers erzählt, der von einer Profikarriere träumt. Glen Hansard und Markéta Irglová wurden 2008 für den Song »Falling Slowly« mit einem Oscar in der Kategorie Bester Song ausgezeichnet.

Heidelberg

Hier lässt sich's leben – Studenten auf der Alten Brücke

Romantische Ufer – der Neckar windet sich durch den Odenwald

Warum tun sie's? Hinter den Kulissen einer schlagenden Verbindung

Wo jeder sein Herz verliert: die **Hochburg der Romantik** am Neckar. Schätze der Buchkunst – die **Bibliotheca Palatina**. »So lovely« – warum die ganze Welt Heidelberg liebt. Der gegen den Krebs kämpft: **Besuch beim Nobelpreisträger** Harald zur Hausen. Kunst und Wahnsinn: Die **Sammlung Prinzhorn.** Und: Wie Schwetzingens Schlosspark die Krimi-Autorin **Ingrid Noll** inspiriert.

Zuletzt erschienen

August 2010

September 2010

Oktober 2010

November 2010

Dezember 2010

Januar 2011

In Vorbereitung: Antalya/ Türkische Riviera, Schleswig-Holsteins Ostseeküste, Kroatien
Abotelefon: 040 87973540 oder www.merian.de